大学生科技创新孵化器建设与探索

张晓琪 著

中国纺织出版社有限公司
国家一级出版社
全国百佳图书出版单位

图书在版编目(CIP)数据

大学生科技创新孵化器建设与探索 / 张晓琪著. -- 北京：中国纺织出版社有限公司, 2019.6（2024.3重印）
ISBN 978-7-5180-6256-0

Ⅰ.①大… Ⅱ.①张… Ⅲ.①大学生－创造教育－研究 Ⅳ.①G640

中国版本图书馆CIP数据核字（2019）第101233号

责任编辑：郭　婷　　责任校对：寇晨晨　　责任印制：储志伟

中国纺织出版社有限公司出版发行
地址：北京市朝阳区百子湾东里 A407 号楼　邮政编码：100124
销售电话：010—67004422　传真：010—87155801
http://www.c-textilep.com
E-mail:faxing@c-textilep.com
中国纺织出版社天猫旗舰店
官方微博 http://www.weibo.com/2119887771
北京兰星球彩色印刷有限公司印刷　各地新华书店经销
2019 年 6 月第 1 版　2024年3月第4次印刷
开本：710 × 1000　1/16　印张：6.25
字数：100 千字　定价：59.80 元

前　言

高等学校开展创新教育是当前国家经济转型和产业升级对高等教育提出的迫切要求和需要，需将创新教育理念融入人才培养的全过程，遵循“实践、认识、再实践”规律，在传授理论知识的同时，提供实践机会。作者在多年的一线实践教学中意识到如何有效激发学生的学习兴趣，培养实践动手能力强、具有科技创新精神的专业人才是高等教育首要解决的问题。以实践项目为载体，以任务和要求为驱动，将科技创新能力培养注入各个实践环节的大学生科技创新孵化器在科技创新能力、学科竞赛和校企协同育人等方面取得了良好的效果。

针对传统科技创新实践教学存在信息化技术运用不足、内容脱离工程实际、开放共享机制匮乏等问题，本书对大学生科技创新实践体系构建、实验室制度建设、科技创新人才培养、课外科技创新活动探索等内容进行了剖析并给出了相关的实例，旨在为电子信息类大学生参与课外科技创新活动提供一定的启发，并为电子信息类学科教育工作者实施大学生科技创新能力培养工作提供了一定的借鉴。本书以杭州电子科技大学大学生科技创新孵化器（2016 年获全国大学生“小平科技创新团队”称号）的课外科技创新相关工作为实践基础，参阅了大量实践案例，希望能为相关学科的大学生或对此领域感兴趣的青年创业者开启创新之门。

本书涵盖了大学生电子科技创新活动的意义、大学生科技创新孵化器建设、大学生科技创新人才培养、课外科技创新活动探索、学生感想摘编等内容，并突出介绍了如何孵化创新性技术、孵化创新性产品、孵化创新性企业三个实例。本书共五章，具体如下：

第一章为绪论，主要介绍了大学生科技创新实践教学现状、大学生科技创新实践教学体系探索、大学生科技创新实践途径，让学生了解科技创新的重要性，掌握科技创新的途径和方式。

第二章为大学生科技创新孵化器建设，通过大学生科技创新孵化器介绍、大学生科技创新孵化器制度、孵化创新型企业实例等内容介绍，对学生科技社团的建设和运行给出了看法和建议，为科技教育工作者如何建设学生科技社团提供解决思路。

第三章为大学生科技创新人才培养，围绕科技创新人才培养目标，系统性地介绍了科技创新人才培养举措、开设创新创业课程、大学生科技创新孵化器 3X 培养计划、孵化器创新型产品实例等内容，为科技教育工作者如何培养大学生科创能力提供一定的借鉴。

第四章为大学生课外科技创新活动，介绍了大学生课外科技创新活动形式、专利申请的基本知识、孵化创新型技术实例，理论联系实际，在活动过程中强化学生实际动手能力和实践技能，实现从科学知识型向实用技能型转化。

第五章为大学生科技创新孵化器青春四载，以杭州电子科技大学 2016 届和 2017 届毕业生的四年孵化器学习生涯为内容，分享了学生参与科技创新活动的一些真实体会，学生的真实情感更展现出科技创新活动缤纷多彩的魅力。

本书在编写过程中，得到了孵化器实验室马学条、郑雪峰等指导老师的支持，在素材整理方面得到了孵化器实验室 2016 级王超、姜佐腾、尹天浩、李心慧等同学的帮助，在此一并表示感谢。编写过程中，还引用了许多学者的观点和成果，由于难以查明文献来源而未标注，在此一并致以敬意。

限于编者水平，书中难免有欠妥、疏漏和错误之处，恳请读者指正。

著者

2019 年 5 月

目录

第一章 绪论

第一节 大学生科技创新实践教学现状

一、科技创新实践教学存在的问题

当今社会已进入信息化时代，电子技术发展日新月异，人工智能、大数据、云计算等信息技术领域迅猛发展，为高校科技创新型人才培养带来了良好的发展机遇，同时也面临严峻的挑战。当前传统的科技创新实践教学存在以下问题：

（1）信息化技术在科技创新教学过程和管理中的体现不足，实践模式单一、教学效率低下，难以适应新技术的发展需要；

（2）实践教学内容围绕理论知识点设立，很少超越书本，脱离工程实际，学生分析研究空间不足，不利于多学科交叉复合型人才培养需要；

（3）创新实践环境和资源开放共享机制滞后匮乏，忽视能力培养和达成，难以满足学生自主研学和创新设计的需求。

普通省属高等学校电子信息专业人才培养应该具有多样性，既有学科型人才，更应该有大批能满足国家战略发展需求的科技创新人才。杭州电子科技大学教师团队基于这一理念，充分调研，以提高学生的科技创新能力和可持续发展能力为培养目标，依托该校大学生科技创新孵化器实验室，进行信息化实践改革，激发学生的科创兴趣，培养理论基础扎实、实践动手能力强、具有科创精神的电子信息类专业人才，更好地服务于省属高校电子信息类本科学生的创新能力培养。

二、科技创新实践教学意义

随着社会进步和现代科技的发展，培养大学生的科技创新意识和创新能力已经成为新时期人才培养工作的重要内容。大学生科技创新活动作为课堂教学的重要补充和拓展，即作为第一课堂之外的第二课堂，已经成为提高大学生实践动手能力、创新意识和创新能力的重要环节。

科技创新活动是课堂理论知识的实践、深化与拓展，对课堂学习的促进作用首先体现在对所学知识的掌握和应用上。大学生在课堂上学习的知识不是用于死记硬背、纸上谈兵，其目的在于学以致用，在实践中修正对知识的错误认识，深化对知识的正确理解。同时，大学生在参与科技创新活动的过程中，会不断发现课堂知识的缺陷与不足，从而有意识地摄取更多知识，通过知识的反复实践、修正、深化、拓展，形成相对完整的、适用于解决实际问题的知识体系。

当代大学生成长成才，不仅仅依靠课堂文化知识的学习，更重要的是提升自身的综合素质。参加电子科技创新活动，要求大学生不仅要有严谨认真的科学态度、积极探索的专业精神，更需要有团结协作的能力，良好的沟通能力以及耐心细致、克服困难的心理素质。科学技术迅猛发展的今天，社会分工越来越明确，科学实践的道路上除了个人艰苦探索、不断创新，也需要团队的良好沟通、协作与支持，以达到个人无法完成的科学事业目标。而大学生在这种科技创新中经历的协作实践，将会使他们在学习科学知识以外收获更好的心理素质和更强的沟通能力。

三、科技创新实践教学探索

杭州电子科技大学教师团队紧跟新技术发展步伐，积极探索将信息技术运用到科技创新实践的实施过程；充分利用既有的信息化平台，通过在超星泛雅网络教学平台上开设科技创新实践系列课程，在国家级虚拟仿真实验教学中心教学管理平台上开放共享虚拟仿真项目等，满足学生随时获取课程资源的需要，实现了线上线下混合式教学；依托科技创新实践基地，延伸了实践教学的时间和空间，实现了课内实验与课外实践环节相结合；通过组织学生积极参与全国大学生电子设计大赛、FPGA 创新邀请赛等学科竞赛活动，参与国家、省、校以及院级的大学生创新创业训练项目、企业项目等各类科技活动，使学生将掌握的理论知识更好地应用到创新实践中，实现了理论和实践教学相融合。

以满足国家战略需求和高质量学生培养为出发点，突破以往受条件限制只开设简单验证性科技创新项目的局限性，打破跨学科的技术壁垒，以多学科交叉融合和综合能力素养培养为目标，团队教师精心设计了包括李萨如信号发生器设计、车载手势控制系统设计、智能楼宇照明系统的实现等综合性科技创新实践项目。

第二节 大学生科技创新实践教学体系建设研究

一、科技创新实践教学目标

科技创新实践活动不是孤立存在的，必须与人才培养目标紧密结合，与整体育人体系相协调。本科院校首先应准确定位科技创新实践在人才培养模式中的功能，明确实现这些预设功能的路径，确保科技创新实践围绕人才培养目标形成系列化活动。其次，要“两手抓”。一手抓场地、指导人员的落实，一手抓管理和评价制度建设。最后，让学生明确本专业培养目标、服务方向、学习任务等，使学生在大学期间能结合自己的志向和兴趣，有意识地学习和有效地开展科技创新实践活动，形成自己的知识结构以及相应的实践能力。

科技创新实践基地在“跟踪学科发展、对接行业需求”的育人理念指导下，以综合性实践项目为载体，实践教学紧跟学科前沿、对接行业需求、注重学科交叉融合；通过构建“线上线下混合、课内课外融合、理论实践结合”的实践育人模式，将科技创新能力培养注入各个实践环节；培养学生科技创新思维、自主研学能力和工程实践技能。

二、科技创新实践教学优质资源建设

从科技创新实践课程改革入手，通过校企共建实践基地、动态更新实践项目库等资源建设，形成培养目标引领、育人模式配套、优质资源支撑的科技创新实践教学体系。

依托国家级实验教学示范中心，与德州仪器、ALTERA、Microchip 等一批高新科技企业联合共建科技创新实践基地，学生实践项目与行业应用无缝对接，满足工程实践能力培养需要。以校企共建基地为平台，以研发企业项目为载体，以参加企业培训、工程师进校讲座、高年级指导低年级为自主学习方式，以项目验收和创新学分为考核方法，系统化地实现了校企协同培养模式。通过尽早接触企业项目，让学生近距离了解行业对人才的需求趋势，使学生较全面地了解所学知识与行业应用的结合点；理论联系实践，开拓学生视野、培养学生科技创新意识。

结合科学研究和行业需求，采用持续动态更新的模式完成实践项目库的更新和建设，项目库包括科研项目、工程实际项目、科技创新项目等。实践项目首先用于科技创新实践教学，学生将项目功能进行优化、完善、扩展后可用于各类创新创业训练计划和学科竞赛活动，经逐届传承、培育后可进行产学研项目开发，将产学研项目分解提炼后重新加入到实践项目库中，构建了动态更新的项目库建设体系。

三、科技创新、科普、产学研实践活动

科技创新活动是培养大学生综合素质的有效手段，是提高大学生就业竞争力的重要方法。因为科技创新活动是一项全面的综合的活动，也是一项将理论应用于实践的活动，大学生的能力和素质能够得到全面的锻炼，解决了高校课堂教学与实践脱节的问题，从而缩小高校人才培养与社会需求之间的差距，增强大学生的就业竞争能力。

科普实践近年来受到了国家的高度重视，科学普及对于提高全民的科学文化素质至关重要，因此将高尖端技术应用于科普中，以广大民众喜闻乐见的形式表现出来，不仅有助于科学技术的传播，也有助于学生创新能力的培养。高校应结合学科的优势，依托丰富的产学研合作经验和实践教学经验，完善智能系统实验室建设和运行管理，增加实验室的开放性，建立基于科普类科研课题的学生研发平台。

产学研实践就是充分利用学校与科技公司多种不同教学资源在人才培养方面的各自优势，把以课堂传授知识为主的学校教育与直接获取实际经验、实践能力为主的生产、实践有机结合的教育形式。学生通过这些实践，提升了自身的素质、服务意识和工作能力，创新实践能力逐年提高。

第三节　大学生科技创新实践途径

一、科技创新实践的准备

创新意识是科技创新活动的初始。只有具备创新的意愿，才能把握创新的机会，实施科技创新行为。创新精神、知识储备则是创新的基础。创新精神是科技创新活动的精神引领，而必要的知识储备为创新活动的开展打下了坚实的基础。

科技创新实践培养人的主体意识，发挥人的主观能动性。参加科技创新活动

的学生应当根据自身的需要和爱好，主动去探索。经过了科技创新活动后，学生们将能够成长得更快、变得更加独立。

挑战精神包括挑战自我、寻求创新，也包括在困难面前的精神态度。科技创新实践与书本知识有差距，很多实践较少的同学，无论学习多么优秀，起初参与实践创新时都往往感觉很困难。要知道，没有挑战自我的精神，是不可能在科技创新实践中取得进展的。

科技创新是校园生活的一部分，学生需要在快乐中生活，更需要在快乐中实践。在真正投身于科技创新活动之前，学生一定要为自己卸下负担，做好充分的思想准备。当学生参与进来之后，往往会发现科技创新并不困难，实践与探索中充满了快乐，甚至还有一些意外的收获。

二、科技创新实践的方式

科技创新实践在教学工作中占有非常重要的地位，可以加强学生对理论知识的理解和掌握，培养学生的工程设计能力和实际动手能力。通过科技创新实践锻炼，可以提高学生运用专业知识分析实际问题、提出解决方案的能力，培养学生自主研学和科技创新能力。

大学生科技创新主要有以下四种方式：

（1）不同功能电路的组合：如普通电子温度计与语音电路组合构成语音交互的温度监测系统。

（2）现有技术解决实际问题：如有学生观察到刮风下雨天没关窗时室内被淋湿的问题，提出一种用风力和湿度传感器检测风雨大小来实现自动关窗的装置。

（3）理论应用于实际：如手势识别技术应用于车载人机交互系统。

（4）产品功能完善和改进：如对普通数控电压源系统进行短路保护、过热保护等功能模块完善设计。

科技创新实践过程是学生大学阶段的重要经历，结果和体会大致可分为以下四种：

（1）运气好的，每一步都很顺利完成，整个过程很享受。

（2）遇到问题很多，想了许多办法，最后完成设计；整个过程很辛苦，也体会到喜悦，收获了知识和解决问题的方法。

（3）遇到问题很多，想了许多办法，最后未完成设计；但是知道问题出在哪里，也找到了解决方法，因为时间不够或器件不全等原因没有做出来，做得很辛苦，收获了知识和解决问题的方法。

（4）没有做出来，不知道问题出在哪里；也不去想办法，感受苦闷、沮丧，甚至对专业失去兴趣和信心。

三、科技创新实践设计过程

科技创新设计必须根据应用的具体要求，考虑应用对象、技术指标、应用环境及对功耗、成本、体积、可靠性的要求等，进行综合考虑。设计通常基于单片机进行应用系统设计，包括硬件设计和软件设计。

应用系统设计通常采用软件和硬件分开设计的方法。其设计指导思想是在总体设计的过程中，根据任务的需求，提出系统的基本功能的技术要求，根据技术分析和经验，把功能的实现分配到硬件和软件两部分中，在此基础上分别进行硬件设计和软件设计。在设计过程中有可能发现有改进的地方，可以再对硬件和软件功能的分配进行调整。在硬件设计和软件设计分别实现后，进行整个系统的集成调试，如果出现问题，可以根据需要返回修改，直到系统功能在单片机完全实现为止。

在软件和硬件开发设计中，可以采用先设计硬件，后设计软件的方式，这是单片机应用系统开发过程中常用的方式。根据在总体方案设计中硬件、软件功能的划分，首先完成硬件设计。硬件设计的完成，为软件的设计制定出约束条件和有关规定。这种方式中，硬件系统是整个设计的重心，软件用来进行系统的支持，对硬件功能进行完善和补充。在单片机应用发展的历程中，由于有相当多的各个不同技术专业人士的参与，他们利用本专业的知识推动了单片机应用的推广，因此“先硬件、后软件”的设计成为应用系统开发中非常实用的方式。这种方式也有其局限性，如果设计中发现问题，需要返回修改或重新设计。特别是硬件和软件功能的分配和开发者的经验水平与此有一定关系。因此，“先科技、后软件”的设计比较适用于系统规模小的应用系统开发。

“先硬件、后软件”的应用系统设计过程主要包括总体方案设计、硬件系统设计、软件系统设计、系统仿真调试和系统运行维护。设计过程列出的这五个部分不是孤立的，而是相互关联、相互依靠、互相制约的。

第二章 大学生科技创新孵化器建设

第一节 大学生科技创新孵化器介绍

十载漫漫，未来可期。杭州电子科技大学大学生科技创新孵化器是杭州电子科技大学与美国 Microchip 公司联合共建的、着眼于物联网和智能家居的科研组织。孵化创新型技术、孵化创新型产品、孵化创新型企业，是该科研小组追求的目标。在“三个孵化”的引导以及数届成员的努力奋斗下，孵化器于 2016 年获得全国大学生“小平科技创新团队”称号。历经十年，实验室盈亏自负，自力更生，逐渐形成了以人才培养为宗旨，科技研发为载体，项目与竞赛为辅助的运营模式。

一、大学生科技创新孵化器发展历程

依托杭州电子科技大学国家级实验教学示范中心、国家级虚拟仿真实验教学中心，该校大学生科技创新孵化器实验室致力于物联网、网络数据和智能设备的研究。实验室面向校内外开放，接纳毕业设计、科技创新能力训练等相关的教学实践任务。

实验室采用学生完全自主管理模式，每年资助 20 多名优秀本科生进驻孵化器，从一年级开始着手产品的学习和设计能力培养。一年级以自学为主，二年级进行实践培训，三年级开展自主设计，并参与科研和承揽第三方设计，四年级能够出专利、论文和创新技术产品等成果，最终完成培育。

1. 培养模式

针对大一新生，高年级学长定期授课并制订详细的暑期实验板学习计划，帮助其共同成长；大二阶段，依据兴趣划分并成立 PC、数字、模拟、网络开发等多个兴趣小组，分享学习心得，进行实践锻炼；大三阶段，开展自主设计，参与科研并组织参加全国大学生电子设计大赛、全国大学生“挑战杯”大赛、全国大

学生机器人大赛等课外科技活动；大四阶段，孵化出专利、论文和创新技术产品等成果。

2. 运营模式

采用企业化运营管理模式，实验室成立采购部、后勤部、财务部等部门。采购部负责实验室的器件与日常用品的申购，后勤部负责实验室内部生活用品与规章制度的维持，财务部负责实验室的经费管理，实验室秘书负责实验室的日常事务和科研项目的统筹。

3. 该实验室自成立以来取得的成绩

（1）2015 年获得杭州电子科技大学“七色花”五四青春榜样，2016 年获得中国共青团和全国少工委颁发的全国“小平科技创新团队”（全国 50 个，浙江省 2 个）；

（2）发表科技论文 8 篇，申请专利 9 项，获得省级以上科技项目 29 项；

（3）学科竞赛获得国际奖 1 人次，国家奖 36 人次，省级奖 81 人次；

（4）郑祥谱同学 2017 年获得浙江省国家特别奖学金（全省 10 个，杭州电子科技大学 1 个），周航、孙兴哲等 8 位同学获得 2016 年 Microchip “大学奖学金”；

（5）28 位同学考取浙江大学、杭州电子科技大学、西安电子科技大学、上海交通大学、东南大学等高校硕士研究生；23 位同学在华为技术有限公司、海康威视、浙江大华技术股份有限公司、腾讯计算机系统有限公司等著名 IT 公司任职；

（6）先后为台湾松瀚公司、浙江省中医院等企业和社会单位开发人体经络分析仪、自组网灯控等 25 项产品，实现产学研结合；

（7）连续 9 年参加美国微芯科技公司“精英技术年会”，紧密跟踪产业界技术发展动态，并在 2016 年获得美国微芯科技公司颁发的大学教育杰出奖。

二、大学生科技创新孵化器开放资源

1. 孵化器基础实验室

主要承担大一、大二等低年级学生创新能力的培养，孵化创新型技术。实验室配备了 3D 打印机、3D 扫描仪、3D 激光雕刻机、Analog Discovery 2 口袋实验室、Basys3 开发板、PIC18 开发板、DSO7104A 示波器、N9320A 频谱仪、数字可调电源、8840A 示波器等仪器设备。

2. 可开放的实验项目

（1）基于 FPGA 的贪吃蛇设计；

（2）DDS 信号发生器的设计；

（3）气象预报员；

（4）任意波形信号发生器设计；

（5）多功能无人机控制系统的设计；

（6）基于陀螺仪遥控的智能小车；

（7）手势识别及灰度处理系统的设计；

（8）基于无线自组网协议的分层储物柜设计；

（9）视觉追踪系统的设计。

3. 孵化器创新实验室

主要承担产学合作项目和科研项目的开发，孵化创新型产品。实验室配备了频谱仪、1GHz 安捷伦示波器、贴片焊接设备、逻辑分析仪等仪器设备。

4. 在开发的项目

（1）立体图纹织机电机阵列控制系统；

（2）自组网灯控系统的开发；

（3）基于 ADRC 的自主路径规划无人测绘机研发；

（4）智能楼宇照明系统的研发；

（5）基于手势控制的汽车人机交互系统开发；

（6）基于 ROV 的一站式智慧渔业管理系统；

（7）基于毫米波雷达的智能安检系统；

（8）投影仪人机交互增强系统；

（9）电子科技创新共享生态圈的研发。

5. 孵化器训练实验室

主要承担实验作品课后制作、学科竞赛训练、创新创业项目申报、孵化创新型企业。实验室配备了数字可调电源、信号发生器、示波器、数字万用表、四旋翼飞行器训练模型、智能车训练模型、电子综合设计实验箱、大学生科技创新智能实训平台等仪器设备。

6. 承担学科竞赛、创新创业项目的类型

（1）中国杭州大学生创业大赛训练；

（2）全国大学生电子设计大赛高频组训练；

（3）全国大学生电子设计大赛控制组训练；

（4）全国大学生电子设计大赛四旋翼飞行器训练；

（5）国家级大学生创新创业项目孵化；

（6）浙江省新苗计划孵化；

（7）全国大学生 FPGA 创新设计邀请赛训练；

（8）全国大学生智能互联创新大赛训练。

第二节　大学生科技创新孵化器制度建设

春树桃李，秋可得其实。传与承，是孵化器薪火相传的动力；培养人才，是不变的宗旨。经过十年的积累，杭州电子科技大学大学生科技创新孵化器实验室不仅拥有完备的项目开发档案、全面的培养计划、完整的实验室文件，也有标准化的存储与管理体系。在实验室的服务器中，储存着世界顶尖的软硬件设计与学习资料，也是对于未来的期许。无论是硬件还是嵌入式软件，无论是射频通信还是信号处理，无论是网络开发还是人工智能，实验室都有大量的人才需求，也精心准备了详尽的培养计划。同时，每周一次的例会、经常性的分享会、研究生或已入职学长的指导，每位参与者都是孵化器精神的传承者。

一、大学生科技创新孵化器章程

（一）总则

第一条

名称：杭州电子科技大学大学生科技创新孵化器

第二条

性质：大学生科技创新孵化器实验室是由杭州电子科技大学老师和学生组成，以“自由自愿”为准则、以“诚实诚信、服从管理、科技创新”为细则、以“企业管理”为模式的科研性质组织。坚持四项基本原则，注重思想性、学术性、知识性、趣味性和实践性，符合社会发展要求，有利于“四有”人才培养，有利于

学生身心健康发展。

第三条

宗旨:为杭州电子科技大学老师和学生提供技术交流的平台，以“三个孵化”（孵化创新型产品，孵化创新型思维，孵化创新型人才）为宗旨，以“一个中心、两个平台、三项前提、四种观念”为指导思想（“一个中心”：把创新同学的理念作为我们开展一切工作的中心思想;“两个平台”：给学生锻炼自我提供平台，给学生展示自我搭建平台;“三项前提”：以学习为前提，以自我约束为前提、以客观条件为前提;“四种观念”:开展组织活动要有合理观念、反馈观念、大局观念、荣誉观念)，为社会培养及输出有理想抱负、有技术实力、有创新思维的优秀人才。

第四条

准则：孵化器必须在宪法和法律范围内开展活动，不得从事与宗旨无关的活动。以“制度化管理，人性化服务”为理念，把握好孵化器的发展方向，了解孵化器，服务孵化器；监督好孵化器的活动开展。务必做到放管结合、统筹兼顾、职能明确、密切配合、服务大局，真正做到全心全意服务于孵化器的全面发展与老师学生的成长成才。

第五条

任务：组织管理好孵化器，不断培养成员的兴趣、爱好、特长。让越来越多的同学能够创建或拥有一个符合自身兴趣的、能够锻炼和提升自我素养的平台，鼓励“百家争鸣，百花齐放”。致力于孵化面向新时代的创新型技术和人才，共同为高校学生“创新、创业”第二课堂的建设做出应有的贡献。

（二）组织机构

第六条

孵化器组织原则是民主集中制，理事会是最高决策机构，理事会由孵化器主席和学生干部组成，理事会实行例会制，定期举行例会，负责审查和商讨孵化器工作。

第七条

孵化器设立理事会、办公室、后勤部、宣传部等行政部门，各部门设立一个部长及若干干事，具体负责日常事务。

第八条

孵化器实行主席责任制，主席负责组织孵化器开展活动，并积极根据计划等

开展活动和项目研发。

第九条

孵化器主席及各部门部长任期为一年，换届时间为每年4月。

（三）职责

第十条

理事会：领导、团结和管理孵化器会员，有计划、有步骤地指导各部门开展工作，制定总的方针和审批活动方案。

第十一条

办公室：辅助理事会进行各项规制度起草；安排各种会议和活动；报告整理、送审、监督等；财务支出记录、报销等。

第十二条

宣传部：对外宣传与联络；网站、服务号等维护；活动策划。

第十三条

后勤部：实验室耗材采购与管理；仪器维护与保修；物品借记管理。

（四）成员

第十四条

孵化器是高校学生在自愿基础上自由结成的群众组织，可打破年级、系科以及学校的界限自由组成。孵化器管理实行主席负责制。以“孵化创新型产品，孵化创新型思维，孵化创新型人才”为宗旨，以“汇聚志同道合的朋友，培养提高会员的兴趣，并让会员有机会发挥和施展自己的才华”为目的，开展有益于学生身心健康的活动，为学生服务，为社会服务。社团的发展方向是为社员服务，找准各自的定位，能坚持长期担任研发工作，让会员在孵化器中学到知识，增强其爱好，做到入会时是兴趣爱好，走出去的时候成为特长。

第十五条

孵化器成员由杭州电子科技大学本科学生组成。

第十六条

孵化器干部由理事会指定产生，一般情况下按照能力考核。

第十七条

孵化器主席由理事会与指导老师共同推举产生。

第十八条

成员一经审批通过，孵化器尽快以公告、公开会议或网络形式宣布成立，以配合孵化器开展活动。

第十九条

孵化器成员享有以下权利：负责人（主席）是理事会成员；对孵化器工作有监督、建议和批评的权利；依照孵化器有关规定使用孵化器的设施与器材；参加孵化器组织的各种活动。

第二十条

孵化器成员必须履行以下义务：拥护本章程、支持各项活动；服从组织安排，完成计划任务；不得做任何有损于孵化器利益的行为。

（五）经费与活动

第二十一条

孵化器经费以项目申请为主，按照规划使用。

第二十二条

任何老师、学生在申请加入孵化器之前不得以孵化器的名义开展任何活动，不得以孵化器名义擅自收取费用。

第二十三条

新入会成员必须到孵化器备案后方可开始以孵化器的名义开展活动，必须严格遵守《大学生科技创新孵化器章程》及其他管理制度。

第二十四条

孵化器活动要做到：

（1）以孵化器名义开展活动前要填写《大学生科技创新孵化器活动策划评审报告》并附《活动策划书》，须经主席签字负责老师审批后方可举办，重大活动须经学校分管部门同意方可举办。

（2）活动中有需要孵化器支持的可以口头或书面形式向孵化器提出。

（3）活动结束后要及时总结汇报活动的过程、效果，并上交活动总结报告（注明活动开展的时间、地点、参与人数、活动流程、效果、经验教训，若是比赛还需附上比赛结果）。

第二十五条

举办以下性质的活动须于活动开始时间 10 个工作日前报孵化器审批，经批准后方可实施：

（1）群众性集会、沙龙及研讨会等活动；

（2）邀请校外人员举办的讲座、报告等活动；

（3）设计出版发行报纸、刊物等印刷品的活动；

（4）收取费用的培训班、学习班等活动；

（5）与其他单位、团体或个人联合主办的活动；

（6）两个以上（含两个）社团共同举办的活动；

（7）其他重大活动。

（六）奖惩

第二十六条

孵化器实施公司化管理模式，采取奖惩制度保证组织内部的高效性。

第二十七条

对孵化器工作做出贡献或有突出成绩的团体和个人给予表彰和奖励。

第二十八条

凡有违反孵化器章程者，视情节轻重，给予批评或罢免职务。

（七）附则

第二十九条

章程的修改须由指导老师、孵化器理事会讨论决定。

第三十条

章程的解释权归孵化器理事会所有。

二、大学生电子科技创新孵化器人事管理制度

（一）总则

第一条

为提高本团队的工作效率，最大限度实现团队资源配置，保证日常学习工作的顺利进行，特制定本制度。

第二条

本团队的所有成员及预录用成员均适用本制度。

第三条

本团队的各成员均应遵守本制度的相关规定。

（二）录用

第四条

本团队的新成员面向本校在校大学生公开招选。

第五条

团队每学年定期对有意向加入本团队的在校大学生展开招新工作。

第六条

本团队成员分为预录用成员和正式成员。

第七条

预录用成员是指通过推荐、公开招选等方式进入本团队的本校在校大学生。预录用成员经过考核通过后可成为正式成员，预录用成员考核时间为四到六周。预录用成员比例与拟录用成员比例不超过 2 ∶ 1。

第八条

预录用成员在试用时间段内若表现不佳、自己主动停止接受考核或考核未通过，不予录用为正式成员。

第九条

正式成员是在本团队学习工作一段时间后、经考核合格而被批准成为正式成员的预录用成员。

（三）休假

第十条

团队学习工作倡导自由轻松的氛围，即任何时间都可学习工作，因此不规定节假日。此休假制度为特殊情况而设立，如生病、私事等。

第十一条

生病、私事或需要放松，以病假或事假对待。

第十二条

病假应及时向组长报告并填写请假条方可暂停手头工作，组长需及时协调相关工作。事假则最好在做完所有工作或一阶段工作后，向组长提出请假要求得到允许后，方可填写请假条休假。组长休假则向总负责人或人事负责人说明并登记。

第十三条

如有特殊事情，则可视情况减少相应的请假步骤，由人事负责人做好休假记录。

（四）绩效

第十四条

团队实施公司化管理模式，对孵化器所有成员进行绩效考核。

第十五条

成员绩效考核由理事会执行，由各部门部长及各团队负责人辅助实施。

第十六条

绩效考核内容包括日常工作、项目开发、招新培养、对外推广等，考核周期为一个月，月绩效考核于每学期末进行汇总。

第十七条

在期末绩效考核中评定为优秀的成员，由组织进行表彰，并给予一定物质奖励。

第十八条

团队实施淘汰制度，保持每学期 10% ~ 20% 的淘汰率，作为绩效考核不合格成员的惩罚措施。

（五）迁出

第十九条

正式成员和预录用成员因故不能继续留在本团队，需提前向人事负责人提出申请，并填写相关的迁出团队申请表（正式成员需提前 1 个月，预录用成员可在试用期内任何时间）。

第二十条

迁出成员在离开团队前需要将自己正在进行的工作做好相关的交接。

（六）附则

第二十一条

与人事相关的其他项目，请参考相应的制度。

第二十二条

本制度修改由团队所有正式成员集体讨论进行，决议超过总人数 60% 方可修改。

第二十三条

本制度自颁布日起正式施行。

三、大学生电子科技创新孵化器经费使用制度

（一）总则

第一条

为规范本团队的资金使用情况，最大限度实现经费的合理配置，保证项目开

发及日常运营工作的顺利进行，特制定本制度。

第二条

本团队的所有资金往来条目均适用本制度。

第三条

本团队的各成员均应遵守本制度的相关规定。

（二）经费组成

第四条

本团队的经费组成主要有项目开发经费、资料及耗材采购经费、活动经费、运营和宣传经费等。

第五条

项目开发经费包括项目开发、测试、生产过程中必要的成本费用以及开发人员的劳务补贴费用等。

第六条

资料及耗材采购经费包括学习资料采购费用、日用物品采购费用、易耗元器件采购费用等。

第七条

活动经费包括招新活动费用、年度聚餐费用、春秋游费用、羽毛球赛费用等。

第八条

运营和宣传经费包括宣传资料制作费用、广告费用等。

（三）经费来源及使用

第九条

本团队的经费来源由立项经费以及公司拨款两部分构成。

第十条

由本团队通过项目立项等方式自主取得的经费，全部归属团队所有；由公司渠道取得的经费，部分归属团队所有。

第十一条

本团队的经费由财务部门管理，由理事会进行合理调度。

第十二条

本团队的任何经费使用前必须填写经费使用说明，由理事会批准后方可

使用。

第十三条

原则上不允许任何团队成员将私人资金作为团队经费使用。

（四）项目开发经费

第十四条

本团队的项目开发经费为流动经费，由本部财务处于项目启动时下拨。

第十五条

项目开发经费应于项目正式开始前进行预清算，附于立项书尾一同交由理事会审批。

第十六条

项目开发经费包括项目开发成本以及劳务费用，劳务费用一般为项目总报价除去开发成本后的 30% ~ 40%。

第十七条

项目开发经费最终交由项目负责人，由项目负责人进行支配。

第十八条

项目经费使用不合理的，理事会及公司有权收回经费使用权。

（五）资料及耗材采购经费

第十九条

本团队的资料及耗材采购经费为固定经费，由本部财务处于每个自然年年初下拨。

第二十条

团队须于年初进行当年资料及耗材采购经费预清算，交由理事会审批。

第二十一条

团队出现资料及耗材采购经费短缺的，可向公司提起经费补助。

第二十二条

资料及耗材采购必须开具发票（无发票场合除外）。发票抬头为公司的，交由公司保存；发票抬头为杭州电子科技大学的，由财务处保存。

（六）活动经费

第二十三条

本团队的活动经费为固定经费，由本部财务处于每个自然年年初下拨。

第二十四条

团队须于年初进行当年活动经费预清算，交由理事会审批。

第二十五条

团队出现活动经费短缺的，可向公司提起经费补助。

第二十六条

活动经费使用项目必须开具发票（无发票场合除外）。发票抬头为公司的，交由公司保存；发票抬头为杭州电子科技大学的，由财务处保存。

（七）运营和宣传经费

第二十七条

本团队的运营和宣传经费为固定经费，由本部财务处或公司于每个自然年年初下拨。

第二十八条

团队须于年初进行当年运营和宣传经费预清算，交由理事会审批。

第二十九条

团队出现运营和宣传经费短缺的，可向公司提起经费补助。

第三十条

运营和宣传使用项目必须开具发票（无发票场合除外）。发票抬头为公司的，交由公司保存；发票抬头为杭州电子科技大学的，由财务处保存。

（八）附则

第三十一条

本制度中“公司”指“杭州遥临科技有限公司”。

第三十二条

与经费使用相关的其他项目，请参考相应的制度。

第三十三条

本制度修改由团队所有正式成员集体讨论进行，决议超过总人数 60% 方可修改。

第三十四条

本制度自颁布日起正式施行。

第三节　孵化创新型企业实例

世有佳酿，必先埋藏。经历了十年发展的孵化器，就像一坛深深埋藏的美酒，馥郁香甜，历久弥新。近年来，秉持人才培养的宗旨，孵化器在学科竞赛、项目开发、辅助教学等方面取得了许多优秀成果。申请发明专利 12 项、实用新型专利 16 项，公司成员获得国家级大学生创新创业训练计划项目、浙江省“新苗人才计划”资助项目 13 项。目前，实验室正将技术转化为产品，推向市场，积极为社会服务。

杭州电子科技大学大学生科技创新孵化器自成立以来，在学科竞赛、科研项目、服务社会等方面取得了成绩。

一张一弛，谓之道也。实验室取得发展的同时，实验室成员也走出了自己的辉煌，孵化器实验室于 2018 年注册成立杭州遥临科技有限公司。从绩效考核到成员例会，公司有明确的内部架构和严格的公司管理模式；从项目提出到测试生产，公司有严谨的项目开发流程。仅仅技术研发阶段，就有无数的可行性分析文档与数不清的项目研讨会。当然，我们也是一群热爱生活的年轻人，集体出游、羽毛球赛、生日聚餐，以及通宵达旦工作后到教楼顶看日出。有人说，最美好的青春要献给最美好的事物。而公司的张弛之道，也成就了最美好的青春年华。

一、项目概况

近年来，信息技术的蓬勃发展完全改变了经济常态，互联网与信息化更是成为社会发展的主要动力，随之而来对相关从业技术人员的需求也水涨船高。几乎每一所大学都有计算机或电子技术相关专业，初高中也在不断推行信息技术的引用，职业培训更是热火朝天。在这样的背景下，那些学习能力强、成长性极高的群体——学习相关技术的学生却面临所得资源与实际需求不符的尴尬现状。

在程序员的需求逐渐饱和，互联网相关产业寒冬的大环境下，各大互联网公司和科研机构对信息技术及电子相关专业的大学生提出了更高的要求，粗浅的理论和课堂编程实践并不能帮助学有余力的学生在完成课业的同时也满足业界需求。课堂不能提供实打实的项目研发实践和相关的理论建设是这种教学模式的最大硬伤，同时，教育理论的滞后性也意味着学生在进行商业开发和理论研究工作

之前需要很长一段时间的适应期。

针对这一现状，杭州电子科技大学科技团队结合自身实际情况以及所在实验室的实际运营情况，创立了杭州遥临科技有限公司，以期实现实验室资源的充分利用和先进信息即电子技术的传播。公司有研发和教育两大功能部门，研发部门负责自主产品的开发并承接项目外包，获取公司运营所需费用。其科研成果将以实训教育资源的形式输出给教育部门作为其第一手资料。而教育部门则负责学生的课外实训教育，培养其创新能力及项目思维能力。通过公司自主研发的科技创新智能实训云平台和实训平台，不同学习阶段、不同时空和地域的学生在投身于科研项目的实训经历中能快速提升实战能力，掌握先进开发思想。其中表现优异者更可以被研发部门吸纳。两个部门通过实训项目和优秀人才的交流互相合作，最终实现公司的技术创新、产品研发和人才孵化目标，并创造经济效益。

二、团队介绍

对于一个高科技创业公司，科研能力是其强大生命力的根本来源。遥临科技主要团队成员中有三人具备科研创造能力和相应的项目开发和项目管理能力，且各自有其擅长的研究领域。在未来研发部门的日常项目开发过程中都能作为项目负责人实行管理和监督并在大方向上把握研究走向及进度，为公司日常所需费用的获取和实训教程的输出打下了良好的基础。此外，研究部门的重要性也避免了决策权的分散。非技术性人才中，团队中具备社团管理和自主创业经历的学生，在初创期可以使公司的组织架构尽快成型，并在管理上提供建议和相应措施，此外商业计划书的撰写和对外的形象工作展示也同样重要。团队中会计专业的同学以其专业知识对公司的财务进行管理，相关的竞赛和实习经历也有助于公司在金融方面规避风险和进行相关决策。

三、市场分析

（一）项目背景及需求分析

1.信息化成为经济常态，技术人才需求水涨船高

随着时间的推移和信息技术的进步，我国的互联网和信息技术相关产业已经进入高速发展阶段，从“我们万事俱备，只差一个程序员”，到“创业如何寻找

技术合伙人”，技术型人才在科技创业公司中的分量越来越重，对技术人员的行业标准也越来越清晰。2010年后的移动互联网时代，中国互联网进入高速发展期，2015年中国提出“互联网+”概念，“双创”风起，随后大数据、人工智能、网络安全相关领域投资水涨船高，中国涌现出一批公司估值超过10亿美元的独角兽公司。

2017年IT行业从业人员已达1950万人，平均每年创造15%左右的新增人才需求。2012～2017年，IT行业每年新增人才需求由240万人增长至290万人。我国IT行业在近二十年中迅速发展，并且大概每五年就会出现新的行业热点，技术迭代更新快，对专业人才的水平要求高、需求大。随着我国经济产业结构不断升级，电子商务产业、移动互联产业的发展及云计算技术在全球范围内的推广，智能手机终端、移动应用、云管理、云物流、云手机等产业的人才需求扩张显著，已成为新增人才需求最多的IT子行业。

在此情景下，大学及大中专IT专业毕业生在近年中呈现增长态势，但仍无法满足行业快速扩张的人才需求。2012年，我国大学及大中专IT专业毕业生约90万人；2017年大学及大中专IT专业毕业生约105万人，增长16.7%。但与IT行业每年百万级的新增人才需求相比，大学及大中专IT专业毕业生的增长仍然是杯水车薪，存在着巨大的人才供应缺口。除了数量上的供需不匹配，部分IT毕业生在校期间仅以理论学习为主，缺乏实际项目经验，无法满足用人单位的需求，进一步加剧了大学及大中专对IT行业的人才供应不足。

2. 人才需求具体多样化，教育与实际脱节严重

在新工科教育模式背景下，IT行业对从业人员的实践能力要求较高，实践能力和实践经验是用人单位考量的主要指标，也正是大学及大中专毕业生最为缺少的。IT行业最普遍的问题就是大学及大中专与企业实际需求相脱节的矛盾。大学及大中专等教育机构偏重理论学习，对于学生实际项目开发经验要求较低，且IT相关专业教材的更新速度远比不上技术的更新迭代速度。用人单位则更为看重求职者承担具体工作任务的能力，却不过多考查对专业理论精准掌握的能力。因此，IT专业的部分毕业生实践能力较差，与企业需求脱节，呈现出就业难的现象。

以大数据分析岗位为例，用人单位更倾向于雇用具备一年以上工作经验的求职者，招聘应届生及工作经验在一年以下求职者的职位不足15%。对比投简历者的学历构成，投递者中硕士及以上学历者占比已达到27.2%，但求职者的普遍高学历依然无法改变企业对具备丰富经历求职者的偏爱，可见大学及大中专教育与企业需求融合度有限。

此外，项目和竞赛经验也是国内高中生、大学生申请国外学校必不可少的加分项，而重视理论教学实行规模化教学的我国教育制度并不利于学生获取这方面的经验以及相关的经历证明，从而使学生在激烈的全球化竞争中处于不利之地，也对自己的未来规划产生了一定的影响。

3. 初高中IT教学需求日益增长，产业尚未形成规模

在IT技术蓬勃发展的今天，基本的IT技术知识正在如同数理化一样成为普及性知识的一部分，江苏、浙江、上海、北京等地都在大力推进技术科目的普及落实，尝试性地将其引入高考体系。学有余力的初高中学生对信息技术的热爱和竞赛需求也让他们逐渐踏足这一陌生的领域。

然而，相应适用于初高中生的较浅层次的IT知识普及教育并没有得到很好的重视和发展，甚至还处于探索阶段，现有的少儿编程班只是对职业教育体系进行生搬硬套，难度高、任务量大，无法应用于实际，容易让学生产生厌学情绪；或者所传授的知识太过简单，课程拖沓，浪费学生的时间和精力，这一产业尚未成熟也无行业标杆出现。将技术知识普及引入现有的初等教育体系仍然还有很长的一段路要走，相应各种形式的课外辅导培训也会在未来的短时间内不断涌现。在未来，这也将是互联网市场规模较大的相关产业之一。

（二）可行性分析

经过十年的技术积累与发展，遥临科技不仅拥有了丰富的技术储备，也通过校企合作的形式获得了支撑产品研发与教育平台建设的优质资源，已经培养了一批又一批优秀的新时代工科人才。所以，以IT技术教育作为遥临科技除自主研究和外包项目开发外的主要业务，并非无的放矢。职业教育的兴盛和国内现行教育模式的欠缺、自身的先进教学方法和配套硬件，以及紧密结合互联网时代的全新推广模式，都让遥临科技有自信，也有能力在这一领域站稳脚跟（图2-1）。

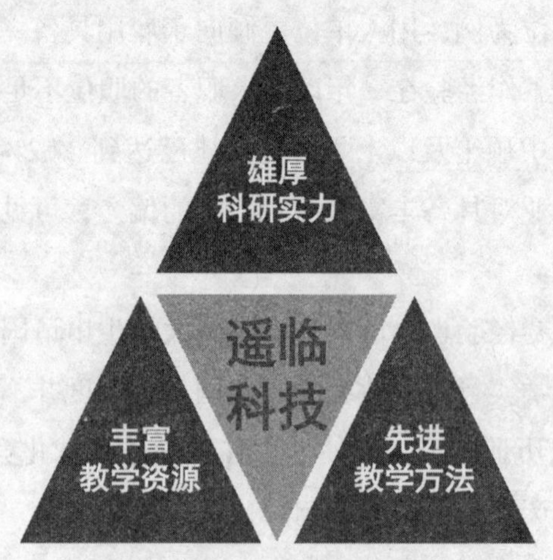

图2-1 遥临科技发展构架

1. 技术实力雄厚，研发团队运行模式成熟

遥临科技团队的前身成立于2008年，由学生自主运营管理。团队的运营成员均为杭州电子科技大学电子信息相关专业中有技术实力、有团队合作经验、有项目开发能力的优秀学生。经过十年的积累，团队有了非常雄厚的技术实力与项目积淀，先后为各大高校、企业开发了基于PIC的口袋实验仪器、人体经络分析仪、中小学智能教辅仪器、无线自组网灯控系统等产品。累计签订技术开发合同达一百余万元，并申请专利、论文几十篇。成熟稳定的项目开发和运行模式，使遥临未来的研究工作可以稳步开展并迅速取得成果，并向实训教程进行转化。这也是一个技术密集型公司的立足之本，而雄厚的技术积累和稳定的人才输入输出使得公司在创业初期就拥有稳定资金来源，在对应细分教育市场迅速站稳脚跟。

2. 学校企业双背景，教育资源丰富

遥临科技依托杭州电子科技大学科技创新基地和电工电子国家级实验中心及电子信息技术国家级虚拟仿真中心，拥有丰富的实验教学资源。其中，中心与各类全球顶尖半导体及芯片公司联合共建的联合实验室，能够提供电子相关行业最领先的技术培训与实践机会。此外，遥临科技也积极通过项目外包、自主知识产权输出的形式与电子相关行业的企业对接，让学生“学有所用”，在企业级的项目中淬炼自身的项目实践水平。相应的科研项目和实习经历都可以转化为学生在教育培训中的丰富资源，使其对学生具有较强的持续吸引力。

3. 自主研发教学及实训平台，教学方法先进

为了满足不同类型、不同水平学生的不同实训教学需要，遥临科技开发了一套集远程实验预约、数字化信息管理、智能电源控制、远程评分功能为一体的科技创新智能实训云平台。通过该平台，参与实训的学生可在 APP 和网页上自主预约实训的时间和地点。通过身份验证后，学生便可在对应时间、对应地点完成当次实训。不同于普通的实验课程，该平台在实训过程中产生的数据完全由数据采集设备和服务器自动获取，并在实训完成后以实训报告的形式呈现给学生。实训的评分者亦可通过实验过程中上传至云端的数据进行远程打分。实训平台的产生，使实训过程突破了时空限制，大大简化了学生参与实训的流程，让学生能够“返璞归真”，专注于创新能力的锻炼和项目能力的提升。此外，杭州电子科技大学资深教师编写的教学计划和教程，对于学生的理论构建和系统的知识学习会有很大的促进作用。

四、技术实现及创新

参与工程实训是锻炼项目思维最根本也是最有效的方式。为了更好地满足实训教学的需要，遥临科技开发了科技创新智能实训云平台，包括人机交互系统、工程类实训教学套件、智能实训管理系统、通用实训桌四部分，适用于信息化实践训练、竞赛集训和创新能力锻炼。

学生通过平台预约并远程完成各类创新实训设计，教学者可以远程完成成绩评定；实训模式突破时空限制，让学生自主控制实训进程。

（一）技术先进性和创新性

目前，互联网等技术发展十分迅速，然而，各高校学生参与实训类课程的方式仍然十分传统，传统教学方式产生的各种问题日益凸显出来。因此，把当下发展十分迅猛的互联网技术与学生参与实训课程的方式结合起来，是当代实验课程改革不可避免的趋势。而遥临科技研发的适用于工科类工程实训教学、学科竞赛集训和开放实验使用的实训平台及配套管理软件，是使得实训课程教学走向创新的重要技术保证。于此，探究如何通过当代的新兴技术来优化学生接受实训的过程，已经成为当前重要的研究课题。

此外，随着初中、高中教育体系的不断丰富完善，对于初中和高中学生创新能力以及工程意识的培养也已然成为我国“素质教育”中不可或缺的一部分。对

于初、高中学生而言，实训场地、仪器、教学资源的缺乏是阻碍其参加实训类创新能力培养的最大问题。此外，由于课业压力较大，如何利用好碎片化的课余时间参加实训，也是一般教育平台难以解决的问题。

科技创新智能实训云平台通过自主实验预约，可以使学生通过课外自主实验，实现对理论的深入理解，起到深化理论知识培训的作用；通过智能数据采集，打破以往从示波器、扫频仪、万用表等大型测量仪器上手动收集数据的方式，实现数据的自动采集和上传，同时也便于计算机进行多组数据对比分析，避免数据浪费，改变了以往测量仪器数据量少的情况；系统通过自动报告生成，改革了以往学生根据实训过程中获取的数据，手动记录实训过程的形式，提高了实训效率。

科技创新智能实训云平台除了通过人机交互系统实现实验的线上预约、个人信息核对、实验分数评定等功能，还通过智能实训管理系统对实验的硬件设备进行管理、自动评定与生成实验报告以及采集与统计实验数据；通过丰富的实训教学套件给学生提供发挥思维的广泛空间；通过通用实验桌上的电源管理设备对平台的电源进行管理以及通过桌上的视频设备对图像进行实时传输；平台将四个分立的系统有机结合形成一个整体，优化实验操作从而优化实验教学方式，最终提高学生的工程创新能力和可持续发展能力，使学生受益。

科技创新智能实训云平台包括人机交互系统、实验教学套件、智能实验管理系统、通用实验桌四部分，结构框图如图 2-2 所示。

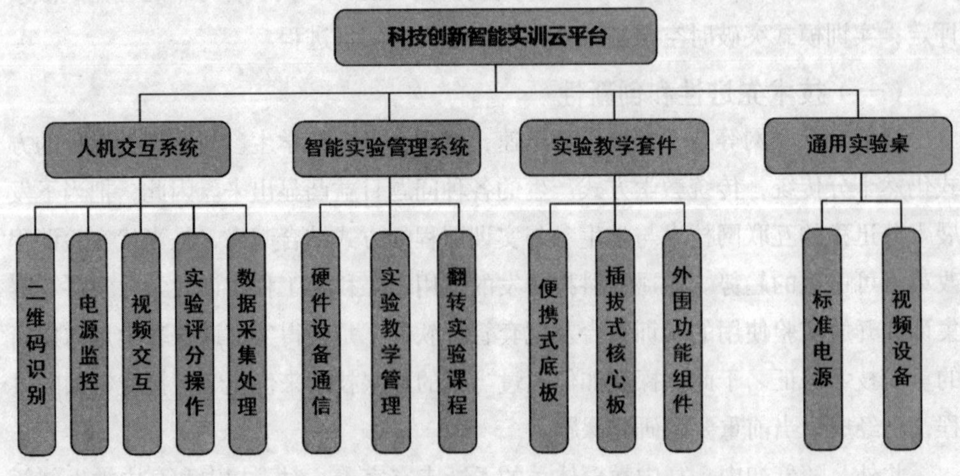

图2-2　科技创新智能实训云平台结构框图

1. 人机交互系统

系统主要由二维码识别模块、语音模块、显示模块，以及图形交互界面组成，承担电源监控、视频交互、实验呼叫应答和数据采集处理等功能。学生通过扫描包含实训信息的二维码进行实验预约验证及实验操作，教师扫描包含工号信息的二维码后对学生的实验操作进行成绩评定。

2. 智能实验管理系统

不同于常用的教学管理软件，智能实验管理系统能通过 Wi-Fi 与实验教学套件、视频设备、电源控制模块等硬件设备进行数据通信。系统集成了实验教学、成绩评定和报告管理等功能，能将虚拟仪器采集到的数据直接嵌入实验报告中，并为用户提供超文本编辑器和实验报告生成向导。同时能满足翻转实验课程的教学要求，提供在线视频学习、课前知识测验、实验讨论、后台大数据统计等功能。

3. 实验教学套件

实验教学套件包括便携式底板、插拔式核心板和外围功能组件三部分。便携式底板提供3.3V、5V、± 12V和24V电源等。插拔式核心板包括51单片机核心板、PIC18 单片机核心板、STM32 单片机核心板和 FPGA 核心板，可根据实际需要进行插拔更换。外围功能组件包括物联网开发组件、机电控制开发组件、无线电开发组件、电源学习组件及各类教师自制组件等。

4. 通用实验桌

实验桌提供了 220V 交流电源和 24V 标准直流电源，方便用户进行选择使用。220V 交流电源以无引线导轨的形式对外供电，24V 直流电源为各类实验教学套件和实验箱进行供电。每张实验桌配备了视频设备，通过 Wi-Fi 将视频数据传输到管理系统。

（二）技术实现

1. 云平台技术实现

实验预约技术采用了 RESTful API 的设计模式，将功能拆解为微服务，通过进程间通信同步数据。

为了实现实验预约技术，在 ThinkPHP 搭建的主服务中设计了多个 API，用于发送数据实现预约状态改变的功能。而服务器与单片机之间，使用了基于 Node.js 实现的 HTTP API 服务器，单片机通过 TCP/IP 发送数据包至服务器，API 服务器对该数据包做出响应，从而实现了预约功能。

在数据安全上，下位机链接时，使用 Outh2 的方式对下位机身份进行了验证，提高安全性，防止黑客抓取到数据包后通过发送伪造的 http 请求篡改数据。

实训报告使用 Markdown 文本编辑器作为页面内报告填写方式，并集成了代码高亮截图上传和 LaTex 排版等实用功能，便于学生操作。

当学生填写完一部分内容后，页面内 JavaScript 脚本将会在浏览器本地缓存（Local Storage）对应字段（实验编号）内追加存储当前学生填写内容直到进行到最后一项。

当学生填写完最后一项内容后，页面内 JavaScript 脚本将在浏览器本地缓存（LocalStorage）中的内容追加载入页面内，通过特定层叠样式（Cascading Style Sheets）表进行修饰，以满足打印需求，最终将其打印为 PDF 文件，实现实验报告即时存储和导出。之后，这部分数据将被存放在数据库内，当教师需要导出时，重复上述操作，即可进行打印。

2. 智能实验桌技术实现

该系统以 STM32 为控制芯片，ESP8266 Wi-Fi 模块实现实验台与云平台的通信，科大讯飞的 XFS5252 语音合成模块为用户提供语音提示，4.3 寸 TFTLCD 电容式触摸屏与用户进行交互，二维码扫描模块 GM–65 用于验证用户身份，继电器用来控制实验台的上电。已在云平台预约的用户可在预定的时间，在预定的实验桌进行二维码扫码验证，学生信息会通过 Wi-Fi 模块与云平台预约信息对比，验证成功后交互系统为实验台提供 24V 直流电压，学生可进行实验，预定时间结束后自动断电。

实验桌交互系统软件部分以嵌入式操作系统为基础，结合专业级图形库，包含了实验桌预约信息显示，学生教师身份验证，控制实验箱上电断电，教师打分并数据回传服务器，Wi-Fi、提示音设置等功能，承担实验前后与学生老师进行信息交互的任务。交互系统软件设计图如图 2–3 所示。

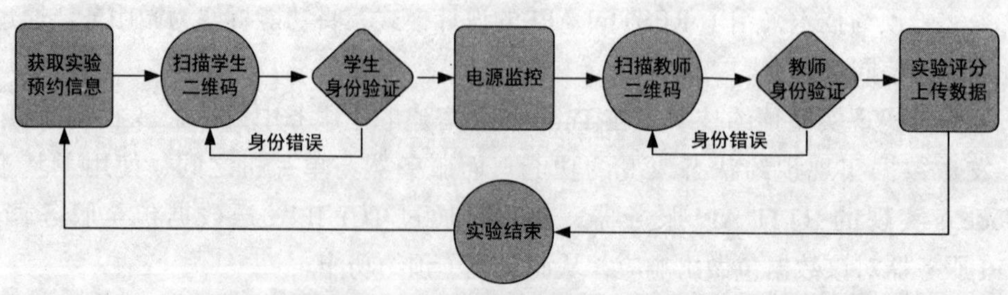

图2–3　用户交互系统软件设计图

智能实验桌为便携式智能实验平台模块之一，安装方便，使用简单，拥有统一且丰富的接口资源。可方便地更改核心板型号、模块类型和数据输入输出接口。可以让用户方便地测量各个接口的输入输出情况。该实验平台可以将用户从烦琐的接线、电源适配等底层劳动中解放出来，专注于实验本身。

核心板接口板集成了 J-link 下载调试器，CH340 USB 转 TTL 串口模块，可以使用 USB 接口连接电脑，实现了供电、代码下载和串口调试功能。引脚接口矩阵拥有 200 个排针接口，保证所有引脚都可连接。“金手指”接口保证了核心板方便更换，容易插拔且拥有良好的接触导电性。核心板接口板自带一块 2.8 寸触摸屏，可显示图形化界面和数据状态信息。

机电模块使用 12V DC 座供电以保证功率器件正常使用，使用 L298N 电机驱动芯片，可控制两个直流电机或一个两相步进电机。编码器可读取电机转速，方便控制电机。多个舵机或伺服器使用 PWM 控制，可实现多种功能。模块使用杜邦线连接排针的方式实现与核心板的连接。用户可方便地更改连接方式。

数据采集装置是一款为实验数据采集并进行分析、显示的智能产品，由 Digilent Analog Discovery 2 和 PC 端组成。Digilent Analog Discovery 2 是一个迷你型 USB 示波器和多功能仪器，可以让用户方便地测量、读取、生成、记录和控制各种混合信号电路。同时可以搭配 PC 端 LabVIEW 软件调用 DIGILENT 智能仪器基础硬件进行编程控制及用户界面设计的 API 函数来自行定制属于自己的智能仪器创新应用及创新仪器用户界面，例如，函数信号发生器、电压表、示波器等。数据采集装置极大提高了工作效率，降低了开发成本，使用起来更加方便。

五、商业模式

（一）运行机制

如图 2–4 所示，遥临科技的运营模式为产学研结合模式，公司组织架构分为研发部门与教育部门，两个部门相互联系、相互合作，以科技研发提升实训质量，以项目实训培养创新型人才，以创新型人才输入反哺科技研发，产学研三位一体，实现公司的技术创新、产品开发、人才孵化以及零劳动成本风险下的盈利目标。

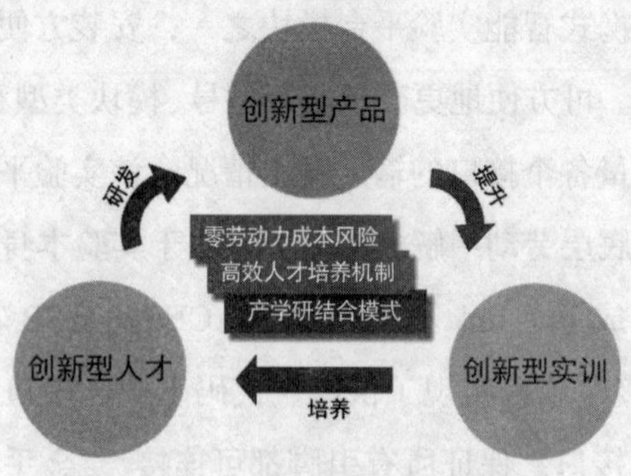

图2-4 遥临科技运营模式图

公司的研发部门主要负责自主产品的开发与项目外包，实现自主产权以及项目开发经验的积累，获取公司运营必需的经费并实现盈利；研发部门主要围绕智能家居、智能农业、智慧校园、智慧医疗四个方向开展项目外包与自主技术研发。研发部门将研发成果以实训教育资源的形式输出给教育部门，作为实训教育的第一手资料。

教育部门负责学生的课外实训教育以及创新能力和项目及思维锻炼。其中，实训教育的受众主要为在校工科类专业大学生以及有相关项目能力及背景需求的初中、高中生。同时，为了满足不同阶段、不同层次学生的时间、能力、学习兴趣的需求，利用科技创新智能实训云平台，满足信息化实践训练、竞赛集训和创新能力锻炼。学生能够通过平台预约并远程完成各类创新实训设计，教学者可以远程完成成绩评定；实训模式突破时空限制，让学生自主控制实训进程。

对于在校大学生，搭建将课业所学的理论知识转化为实践能力的实训平台。通过项目训练的形式，在巩固与加深理论基础的同时，提升学生的实践能力及团队开发经验，缩短大学理论教育与实际工作岗位对学生综合能力之间的差距。项目直接与相关领域的企业对接，让学生深入体验公司化的开发流程。在此过程中，公司也会完成人员的培养与吸收，为研发部门输送技术创新人才。

对于有相关项目能力及背景需求的初、高中生，提供一整套从理论到实践的项目能力提升课程。理论课程包括项目开发相关基础理论及技术基础理论，以提升初、高中生的理论水平；实践课程主要为经过精心挑选的，适合初中、高中生能力与水平的实战项目，以锻炼创新思维、提升项目能力。

而作为研发、运营以及提供实训培训的主要人员，公司会吸纳部分受过遥临科技良好理论培养、实训教育及项目级思维和创新能力培养的、有团队意识、有

责任和担当的优秀大学生，成为公司的核心成员。新成员们按照兴趣加入不同部门，共同参与到公司的运营中去。这样的人才输入模式，提升了公司成员之间的凝聚力，使公司内部形成了“传帮带”机制——公司成员之间不仅仅是同事，更是良师益友。同时，项目开发、团队管理本身就是一种价值的积累，而优秀大学生乐于奉献、有责任、有担当的团队精神也使公司的劳动力成本风险降至最低，成为公司立足的关键因素之一。

（二）盈利模式

遥临科技的主要盈利点分别来自产品研发部门和教育部门。产品研发部门主要通过自主产品研发以及项目和解决方案外包，取得一定经济效益；而教育部门则是对外输出实训教育，并取得相应的教学收入。

1.项目开发收入

技术研究与产品开发是公司研发部门的主要职能，起到将科研成果转化为商业价值的关键作用。研发部门的项目开发主要以自主产品研发、专利授权、外包服务等形式进行。

2.教育培训收入

教育培训部门是遥临科技主要的对外部门和盈利部门，通过对不同层次、不同教学目标的学生进行项目能力及实践能力的提升训练，获取一定报酬，实现盈利。实践培训的种类如下。

（1）初高中普及教学。针对初中、高中生开设线上加线下的初级入门教学，可以在较大规模内对信息技术进行推广普及，收取单人较低、按学时的课程费用；同时提供一对一，相对高技术含量的，竞赛科研相关的高价值、完整体系的特殊培训。

（2）专业相关学生项目实训。为电子、计算机、自动化等专业的学生提供课外的和课程高度相关的实训项目，设立在验证成熟的实训项目中帮助学员将知识融会贯通的小班化教学和团队型作业，同时提供竞赛和项目开发相关的更加专业化的进阶培训。

（3）实战性项目培训。针对需求较为明确的高水平学员，如想实现科研专利、项目开发经历，提供专业化一对一的项目开发指导，并根据工作量和重要性收取相应报酬，帮助其获取科研、出国等所需的项目开发能力及经验。

遥临科技教育部门根据不同的实训教育模式，针对不同定位的学生，制定相应的定价策略。同时，公司吸收在校优秀大学生成为公司教育部门成员，以较低的劳动力成本和风险负责教育部门的正常运转与教育输出，最终实现公司盈利。

（三）营销策略

遥临科技开发的线上教育系统本身就具备网络属性，结合公众号、网站进行线上经营推广成为公司的主要营销方式。此外，遥临科技扎根校园，在学校内有坚实的线下基础和较高的知名度，并且每年在在校本科生中招收新成员，进行线下宣传也会取得良好的效果。

1. 线上宣传

加强公众号建设，将线上学习通道和报名通道引入其中，并通过对先进技术的转载和分享增加关注度和转发度。同时，对公司的主营业务和文化进行宣传，吸引更多人报名。

在线上开放部分课程的部分内容，供初等普及和项目实训的同学进行实验性学习，提高公司的知名度并积累线上用户对公司的信任。

建设公司主页，将公司主营业务、主要技术成果、教育资质及课程内容在公司主页上进行展示，着重突出教学内容和教学效果的宣传。

2. 线下宣传

借实验室成员吸纳过程对公司的第二、三阶段课程培训进行宣传，鼓励更多的学生借这一渠道学习课外知识；对课程学习进行一定的费用减免，增加更多学生的参与度并积累知名度。

在相关科目的学习中引入实训项目，以教师配合授课的方式让学生体会到这一教学方式的好处并引导其持续学习。

通过会员制建立线下技术交流组织，增加遥临科技受众的外围成员，定期进行技术分享探讨和线下宣传。

第三章　大学生科技创新人才培养

第一节　科技创新人才培养举措

求学之路，道阻且长。一个成熟的大学生创业孵化器实验室应为每一位有志于科技研发的同学准备好满满的培养计划。从目标选择和生涯规划，到专业技术培养，再到统筹全局能力的锻炼，帮助有志者在加入孵化器的若干轮考核过程中披荆斩棘，也在漫漫求学路上一往无前，回首之时，眼中仍是当初期许的自己。

一、科技创新实践系列课程改革与实践

对科技创新实践课程大力实施教学改革，优化课程内容，注重理论与实践的融合；采用“自主设计论文答辩”等全新实验考核模式，激发学生自主学习的兴趣，培养和启蒙学生的创新意识，使学生在自主创新设计、团队协作、语言表达及论文写作等各个方面均得到训练。重构适应新技术发展的科技创新实践课程体系；让学生提前进入理论与工程实际相结合的训练阶段，鼓励和帮助学生尽早进入实验室完成自主性、创新性实验项目的设计，完成大学生电子设计、机器人比赛、FPGA 创新设计、“挑战杯”等竞赛培训，积极参加各种课外科技活动，培养学生的实践创新能力。

二、校企共建科技创新实践基地

依托国家级实验教学示范中心，与国际高科技企业联合共建创新实践基地。校企联合实验室采用学生完全自主管理模式，以研发企业资助项目为载体，以参加企业培训及工程师进校讲座等，系统化地实现校企协同培养新模式。依托国家级虚拟仿真实验教学中心，构建集虚拟仿真实验教学、实验室管理、门户网站管理等功能于一体的开放式在线虚拟仿真平台，开发软件共享、仪器共享和远程控制三大类虚拟仿真实验；用户只需连接网络，通过该教学管理系统，即可在寝室、图书馆或自习室等区域远程共享实验教学资源；突破地域空间的限制，进行虚拟

仿真实验在线操作，远程提交仿真结果，达到“处处能学、时时可学”的泛在学习。

三、精心设计多学科融合的综合性实验项目

结合科学研究和行业需求，教学团队采用持续动态更新的模式完成实践项目库的建设，如图 3-1 所示。将企业工程实践创新项目、教育部协同育人项目和科研项目等应用于实践教学，学生将实践教学项目进行功能拓展后可用于创新创业训练，经传承培育后孵化为产学研合作项目。

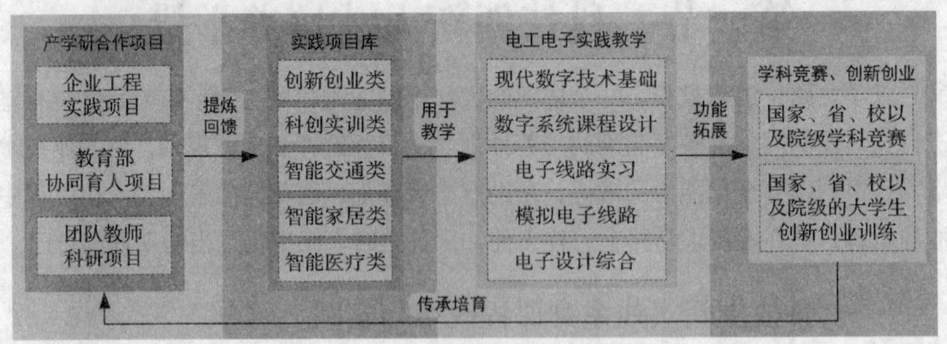

图3-1 动态更新的实践项目库建设

如李萨如信号发生器设计是理论与实际相结合的经典问题，原理框图如图 3-2 所示。学生利用 DDS 信号发生器、ADC 采样控制模块和锁相环模块，完成实验设计，实现综合能力素养的锻炼。

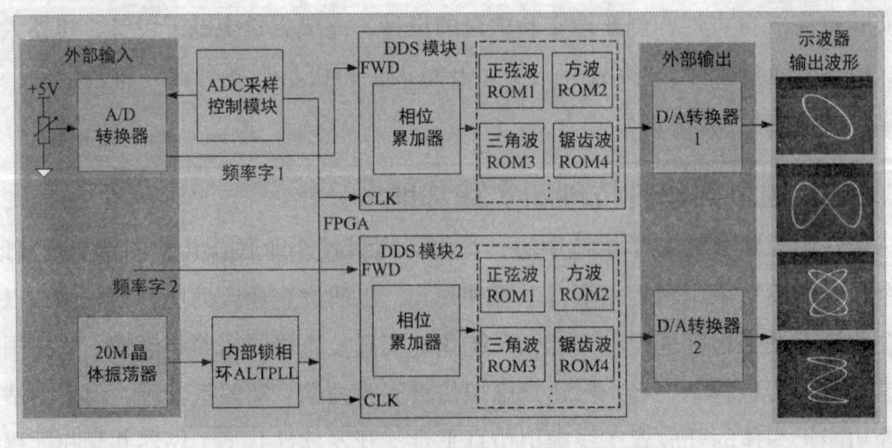

图3-2 李萨如信号发生器原理框图

又如车载手势控制系统设计为多学科融合综合性实验项目，原理框图如图

3–3所示。实验内容涉及人工智能、图像处理、数学形态学、现代数字电子技术等多学科课程知识，学生通过分析和归纳影响系手势识别效果的原因，探索较佳的形态学处理方案；同时提高学生的成本意识，通过自主设计，降低系统对硬件指标的要求。

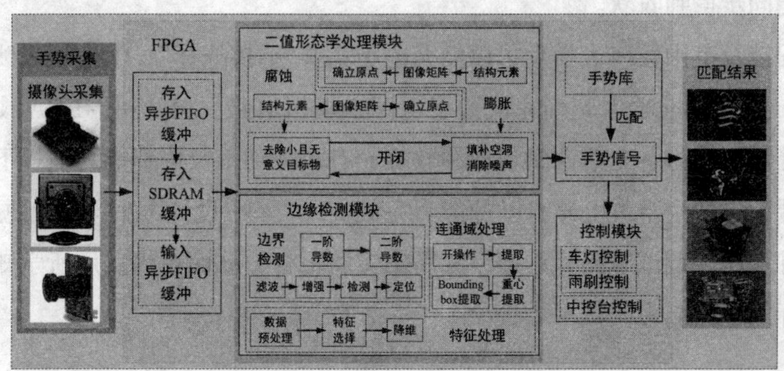

图3–3　车载手势控制系统原理框图

第二节　科研反哺教学，开设创新创业课程

一、开设智能物联科创实训课程

结合大学生科技创新孵化器研究方向，杭州电子科技大学开设了《智能物联科创实训》课程。该课程是电子信息类专业重要实践性课程，课程总学时为32学时。面向专业为电子信息工程、电子信息科学与技术、电子科学与技术、通信工程、信息对抗与技术、光信息科学与技术等专业。该课程是在学生在完成基础实验后，针对实际工程问题，三人一组，自主思考，申报完成一个应用实验项目，课程授课重点是科技创新。

学生在完成基本的电子技术学习和入门后，必须迅速地转向基于现代电子设计技术的基本方法和基本理念，在学习与实践中培养自主创新能力。本课程通过介绍基于手势控制的汽车人机交互系统、基于视频识别的远程机械臂控制系统、无线自组网智能照明系统等数个科技前沿的综合创新性项目，给出科技创新项目设计的思路和方法以及对应的实验要求，引导学生去探寻掌握科技创新项目设计技术及其创新的途径。实验内容注重自主研学学习为能力培养手段，注重科技前沿、基础理论和实验方法的介绍，注重工程能力、分析能力和实践能力的培养，构建了一个创新能力培养和实践的阶梯。通过教学的启迪和大量有创意的实验项目训练，能动地激发学生创新意识，从而使其在基础理论、实践能力和创新精神三方面能同步得到收获。

课程涉及范围较广，学生可以结合电子竞赛、“挑战杯”、学生科研项目等自行选题申报。要求学生先期完成数字电路、模拟电路、单片机、EDA 技术、电子设计等课程学习，专业课学习成绩较好，有较强动手及创新能力前提下选修本课程。课程中学生基本上靠自己的能力完成查阅资料，设计方案，设计硬件电路，编写软件程序，调试电路和程序，并写出实验报告，从而提高利用所学知识分析解决实际问题的能力。

二、智能物联科创实训课程目标及要求

1. 课程目标

《智能物联科创实训》课程是科技发展与科学精神类课程。通过本课程学习，学生可以提高运用专业知识分析实际问题、提出解决方案的能力；合理利用人工智能、物联网技术、互联网 + 思维等解决实际问题，培养学生自主研学和科技创新能力。本课程实施拟达到如下目标：

课程目标 1：能结合实际应用，利用专业知识，根据系统功能和指标，设计实现方案，或者对现有的系统或方案进行优化。

课程目标 2：针对复杂工程问题，利用人工智能、物联网技术、互联网 + 思维等解决实际工程问题，完成方案设计。

课程目标 3：自由组队（3 人一组），培养团队合作意识，胜任团队成员的角色与责任，团队成员相互工作完成团队分配的工作。

课程目标 4：结合科技前沿完成选题申报、中期汇报、期末答辩、撰写报告等环节，通过 PPT 答辩完成项目结题。

《智能物联科创实训》支撑杭州电子科技大学毕业要求（3）的指标点 3–1、3–3，毕业要求（5）的指标点 5–3，毕业要求（9）的指标点 9–2，毕业要求（10）的指标点 10–1，课程目标与相关毕业要求及其指标点的对应关系如表 3–1 所示。

表3-1 课程目标与毕业要求对应关系

毕业要求	指标点	课程目标
(3)设计：能够设计针对电子信息复杂工程问题的解决方案，设计满足特定需求的电子器件、电路和系统，并能够在设计环节中体现创新意识，考虑社会、健康、安全、法律、文化以及环境等因素	3-1 能够利用专业知识，根据设计指标，确定电路和系统的设计方案 3-3 能综合利用专业知识，运用电子系统组成单元，针对复杂工程问题的电路及系统设计方案进行优化，体现创新意识	1
(5)使用现代工具：能够针对电子信息复杂工程问题，选择与使用恰当的PCB加工工艺或芯片流片工艺，开发与使用各种电子测试相关仪器设备，包括信号发生器、示波器、数字万用表、电源、频谱分析仪等，选择与使用各种仿真软件，如spice、multisim等，包括对电子信息复杂工程问题的预测与模拟，并能够理解其局限性	5-3 能针对复杂工程问题，选择并合理使用现代工具与仿真平台	2
(9)个人和团队：能够在多学科背景下的团队中承担个体、团队成员以及负责人的角色	9-2 能胜任团队成员的角色与责任，组织团队成员开展工作完成团队分配的工作	3
(10)沟通：能够就电子信息复杂工程问题与业界同行及社会公众进行有效沟通和交流，包括撰写报告和设计文稿、陈述发言、清晰表达或回应指令。并具备一定的国际视野，能够在跨文化背景下进行沟通和交流	10-1 能够针对电子信息领域的工程问题通过书面或口头方式表达自己的观点	4

2. 课程内容与基本要求

《智能物联科创实训》课程实验项目及学时分配如表3-2所示。

表3-2　课程目标与实验内容、教学方法的对应关系

序号	实验名称	实验类型	实验内容	教学方法	课程目标			
					1	2	3	4
1	课程介绍及选题	综合	介绍创新途径方法，课程实施，分组等要求	讲授、研讨	●		●	●
2	科创项目—方案设计	设计	对项目进行合理的方案设计	自行设计、研讨	●		●	●
3	科创项目—硬件设计	设计	设计选题系统的硬件电路	自行设计、研讨	●	●	●	●
4	科创项目—硬件制作	设计	制作选题系统的硬件电路	自行制作、研讨	●	●	●	●
5	科创项目—硬件调试	设计	调试选题系统的硬件电路	自行制作、研讨	●	●	●	●
6	科创项目—软件流程设计	设计	设计选题系统的软件流程	自行设计、研讨	●		●	●
7	科创项目—软件编写	设计	编写选题系统的软件程序	自行设计、研讨	●	●	●	●
8	科创项目—软件调试	设计	调试选题系统的软件程序	自行调试、研讨	●	●	●	●
9	科创项目—软硬件联调	设计	调试选题系统的软硬件	自行调试、研讨	●	●	●	●

续表

序号	实验名称	实验类型	实验内容	教学方法	课程目标			
					1	2	3	4
10	科创项目—系统测试及完善	设计	对选题系统的软硬件进行完善	自行调试、研讨	●	●	●	●
11	科创项目—答辩及验收	综合	对最终结果进行测试验收，并让学生介绍整个制作完成过程	测试、答辩			●	●

该课程详细教学内容和方法如下所述。

（1）主要内容。

本课程针对实际工程问题，利用人工智能、物联网技术、“互联网 +”思维等理论知识，学生三人一组，自行组队，自主申报并完成一个科技创新项目设计。课程中学生自主能力完成查阅资料，设计方案，设计硬件电路，编写软件程序，调试电路和程序，并写出实验报告，从而提高利用所学知识分析解决实际问题的能力。

（2）教学方法与要求。

①任务布置。《智能物联科创实训》课程共 32 学时，学生三人一组需完成一个科创实验项目设计，指导教师在开课前一周通过网络平台发布课程综实验设计任务。

②选题申请。课程提前录制了实验教学视频并发布在学校网络教学平台，视频内容包括仿真软件的操作使用、简单的仿真举例、典型案例设计等内容，学生结合专业方向及兴趣进行选课申请。

③课堂实验。为达到更好的实验效果，课堂对实验人数进行了一定的限制，每个实验班最多允许 30 名学生进行实验设计。课堂实验以学生为主体，实验课上学生承担“讲解、补充、质疑”任务，教师承担“质疑、引导、归纳”任务，指导教师每周挑选两组优秀团队对实验设计进行讲解及心得分享。调动学习气氛，提升实验教学的趣味性、研究性及可研讨性。

④实验考核。课程采用“自主设计论文答辩”的实验考核模式，学生制作PPT进行实验项目汇报，并通过网络教学平台提交实验总结报告。实验考核注重实验的过程性，避免以实验考试定成绩的方式。关注学生实验报告质量的同时，更关注学生在综合设计性实验中所展示的积极性、团队合作意识和工程创新能力等。

（3）实践环节及要求。

《智能物联科创实训》课程实践环节主要内容和基本要求如表3–3所示。

表3–3　实践环节及要求

序号	实验名称	实验内容	基本要求
1	课程介绍及选题	介绍创新途径方法，课程实施，分组等要求	学生以组为单位提交选题申请表，并描述实验项目的功能指标及设计方案规划
2	科创项目—方案设计	对项目进行合理的方案设计	学生以组为单位详细讲述实验设计方案，并对组内成员进行分工
3	科创项目—硬件设计	设计选题系统的硬件电路	按照实验设计方案完成硬件设计，并对组内成员进行分工
4	科创项目—硬件制作	制作选题系统的硬件电路	按照实验设计方案，组员合作完成硬件制作
5	科创项目—硬件调试	调试选题系统的硬件电路	按照实验设计方案，组员合作完成硬件调试
6	科创项目—软件流程设计	设计选题系统的软件流程	按照实验设计方案，组员合作完成软件流程设计
7	科创项目—软件编写	编写选题系统的软件程序	按照实验设计方案，组员合作完成软件流程编写

续表

序号	实验名称	实验内容	基本要求
8	科创项目—软件调试	调试选题系统的软件程序	按照实验设计方案，组员合作完成软件调试
9	科创项目—软硬件联调	调试选题系统的软硬件	按照实验设计方案，完成软硬件联调
10	科创项目—系统测试及完善	对选题系统的软硬件进行完善	按照实验设计方案，组员合作完成系统测试及功能完善
11	科创项目—答辩及验收	对最终结果进行测试验收，并让学生介绍整个制作完成过程	制作PPT，参加项目汇报、测试、答辩

3. 课程考核方式及成绩评定方法

《智能物联科创实训》课程属于考查课，课程采用“自主设计论文答辩”模式对实验设计进行验收和考核。除对仿真正确性、实物完成度、实验报告规范性等实验结果进行要求外，实验结果更注重发挥学生的自主性。实验教学考核关注实验的过程性，避免以实验考试定成绩的方式。注重学生实验报告质量的同时，更关注学生在综合设计性实验中所展示的积极性、团队合作意识和工程创新能力等。实验课程考核与成绩评定方法如表3–4所示。

表3–4　实验课程考核与成绩评定方法

考核项目	考核内容	考核关联的课程目标	考核依据与方法	占总评成绩的比重
选题讨论	选题的质量	1，3，4	从选题实用性、创新性、工作量等方面考评，共计20分	20%
中期检查	选题阶段性任务完成情况	1，2，3，4	做PPT汇报项目进展情况，如是否完成电路或程序设计及调试，根据完成情况评分，共计10分	10%

续表

考核项目	考核内容	考核关联的课程目标	考核依据与方法	占总评成绩的比重
答辩	对项目了解程度和参与程度	4	项目组成员各自介绍承担的任务，依据其参与了解情况单独评分，共计 20 分	20%
实物测试	项目分析设计和仿真结果，焊接制作验证结果	1，2	根据实物设计制作的方案、焊接工艺、功能指标实现情况验收评分，共计 40 分	40%
报告	报告质量	3，4	根据报告的规范性、各部分内容质量批阅评分，共计 10 分	10%
总评成绩			100 分	100%

第三节　大学生科技创新孵化器3X培养计划

Xplain：理论基础和知识体系构建阶段，科普关于嵌入式开发的基本流程和组成部分。主要形式为孵化器内部成员的对外授课。规模可覆盖 200 位左右学生。

Xplore：动手实践阶段，主要针对第一阶段接触的理论知识进行深化与实践。主要形式为动手实验，完成物联网（Internet of Things，IoT）系统中的分立部分。面向第一阶段理论基础掌握较好的学生。

Xport：工程意识和项目思维培养阶段，通过已有技术储备实现完整的“项目设计—项目开发—后期测试”等流程。面向第二阶段实践效果较好的学生。

一、大学生科技创新孵化器软件培养计划

第一周

1. 考查范围

C 语言设计的基础知识、基本数据类型（int、char、double）及常用库函数（math.h）、算数表达式、控制结构与语句。

2.重点考查内容

（1）各个进制之间的相互转换；

（2）熟悉运用 printf( ) 函数、scanf( ) 函数和换行符的用法；

（3）学会给自己的程序写注释；

（4）学会调用常见的库函数；

（5）了解基本数据类型及其相应的数据格式；

（6）考查各个符号的优先级；

（7）学会运用 if、switch、while、for 等基本语句。

第二周

1.考查范围

子函数的编写及调用、数组、复习控制结构和语句。

2.重点考查内容

（1）提升对 if、for 等语句的考查难度；

（2）学会用子函数来实现相应的程序；

（3）初步了解递归函数的运用，可超出书本原题；

（4）了解全局变量和局部变量的属性；

（5）掌握一维数组和二位数组；

（6）冒泡排序；

（7）了解字符串的相关知识。

第三周

1.考查范围

编译预处理、指针。

2.重点考查内容

（1）学会指针在子函数里的运用；

（2）学会指针与数组之间的关系运算；

（3）重点掌握指针与字符串之间的运用；

（4）初步了解多级指针的运用；

（5）简单了解编译预处理的相关知识。

第四周

1. 考查范围

结构体、指针。

2. 重点考查内容

（1）提升指针的运用难度；

（2）掌握最基本的结构体运用；

（3）重点掌握结构体数组和结构体指针；

（4）初步了解链表结构。

第五周

1. 考查范围

位运算、文件、综合性程序。

2. 重点考查内容

（1）掌握位运算的相关知识和运用；

（2）学会文件的读写、打开与关闭；

（3）综合函数的考查。

第六周

1. 考查内容

综合性程序、LED 灯。

2. 重点考查内容

（1）提升综合的编程能力；

（2）了解 51 单片机的相应 IO 口配置；

（3）了解高低电平和延时；

（4）点亮第一个 LED 灯。

第七周

1. 考查内容

数码管显示、按键及矩阵按键、蜂鸣器。

2. 重点考查内容

（1）了解静态数码管和动态数码管的相关知识；

（2）了解蜂鸣器及按键、矩阵按键的相关原理；

（3）学会按键与矩阵按键控制数码管或蜂鸣器。

第八周

1. 考查内容

8×8LED 点阵、外部中断。

2. 重点考查内容

（1）了解 8×8LED 灯的相关内容；

（2）通过外部中断改变点阵的显示或数码管。

第九周

1. 考查内容

计时器中断、单片机综合小任务。

2. 重点考查内容

（1）学会运用定时器中断控制数码管；

（2）提升对单片机的整体运用。

第十周

1. 考查内容

C 语言复习，单片机综合任务。

2. 重点考查内容

（1）复习 C 语言；

（2）巩固单片机的运用。

二、大学生科技创新孵化器硬件培养计划

第一周

1. 微电子定义及其与电子的联系

什么是微电子；微电子与电子的关系。

2. 微电子的历史与故事

微电子的起源；IC 发展时间线。

3. 微电子行业的细分与前景

集成电路产业链；IC 设计；IC 的生产与制作；IC 产业公司分类；IC 行业的国际分布；IC 行业在中国的分布；IC 行业的前景。

第二周

由小米智能插座引出的电子知识：电容基础知识；电感基础知识；继电器基础知识；二极管的分类及用途；三极管的种类及原理。

第三周

1. 基尔霍夫定律

2. 电压与电流的参考方向

电流；电压。

3. 电路仿真软件 Multisim 验证基尔霍夫定律

第四周

1. 电压源与电流源的等效替换

电压源；电流源；电源的等效变化。

2. 电阻的等效变换

第五周

1. 电路的等效变换与化简方法

2. 电路的叠加原理

3. 支路电流法、节点电压法、网孔电流法

第六周

1. 受控源

2. 戴维南等效电路

第七周

常熟变易法求解电路方程和含有电感的一阶电路。

三、大学生科技创新孵化器考核试题

（1）现有一个 12V 的电池，一个 LM324 运放芯片（内含四个独立运放），以及一个可以产生峰值为 0.1V、频率为 500Hz 正弦波（设为 u_1）的信号发生器。请设计电路，使 u_1 加至加法器的一端，另一端输入自制的，峰值为 0.2V，周期为 2000Hz 的用示波器观察基本不失真的三角波（设为 u_2），加法器的输出为 $u_0=10u_1+u_2$，u_0 经过滤波器滤除 u_2 的频率分量，使得滤波之后的信号是峰峰值为 9V 的正弦信号 u_3，u_3 经过比较器之后在 1000Ω 负载上得到峰峰值为 2V 的输出电压。

①根据要求画出系统框图，明确各个部分承担的作用。

②根据前一步的分析，分析每个运放所扮演的角色，并使用运放设计符合要求的电路。

③根据要求组合各个模块，完成题目。

④用仿真验证方案的可行性。

⑤用 Altium.Designer 绘制原理图和 PCB。

（2）现有一个处于 0.1~10Hz 频段的信号，有效值为 10mV，但是其湮没在市电干扰中（峰峰值为 1V 的 50Hz 正弦波），请设计电路，滤出这个有效信号，并使其有效值变得在 1V 以上（干扰信号的有效值至少是有用信号有效值的 1% 以内）。

①参考《测量电子电路设计——滤波器篇》第三章的内容，给出方案，并使用软件仿真，验证可行性。

②最后使用 Altium.Designer 绘制原理图及 PCB。可以使用的器件是：电阻（贴片）、电容（贴片）LM324 等运放（直插）。

（3）以三极管或者三端稳压器件为主，设计一个压控电压源。

①要求：输入 18V 的电压，输出 0~15V 范围之内可调。输出电流要求大于 100mA，纹波电压不大于 50mVp-p。

②调节的方式是，有一个控制电压输出端，通过在这一端加一定的电压，输出和这个控制端呈一定线性关系，比如 $V_0=3\times V_i$，或者其他的线性关系都可以，但是 V_i 要小于等于 5V。

③给出方案，并使用软件仿真，验证可行性，最后使用 Altium.Designer 绘

制原理图及 PCB。

（4）设计一个可控增益放大器。输入与输出的增益是由一个控制端用电压进行控制，增益 A 为 1、2、5、10、50 五种，交直流都可以放大。增益可以用电压控制，比如 0~1V，A=1，1~2V，A=2 等，也可以自己设定。

①给出方案，并使用软件仿真，验证可行性。

②使用 Altium.Designer 绘制原理图及 PCB。

（5）请设计一个电机驱动（H 桥）电路。电路可以实现的功能为直流电机的正反转和调速，并且有死区保护等功能（这里需要注意的是，虽然没有明白地提出，但是现实中要考虑三极管的功耗问题）。

①请再设计一个电源给电机供电。我们提供的是一个将 220V 交流电变为 18V 的变压器。即设计一个整流电路以符合要求。

②给出方案，并使用软件仿真，验证可行性，最后使用 Altium.Designer 绘制原理图及 PCB。

第四节　孵化器创新型产品实例

一、产品简介

产品名称为云舟——基于 ROV 的水产养殖环境检测系统。如图 3-4 所示，本产品主要由无人潜水器和无人船两部分组成，目的是采用无人船加无人潜水器的组合方式，利用无人船作为中介，成为能源补给、信号传递和临时停靠的平台，通过对水质进行监测判断其是否适合水产养殖。无人船采用双体船结构，搭载各类传感器及通信控制设备。无人船上通过放线绞盘自动释放脐带缆与无人潜水器相连。

无人潜水器外形呈扁平流线状，配有三个推进器及温度、pH 值、叶绿素、浊度、溶氧量等一系列传感器，通过摄像头及云台进行水下观测。两者协同运动，提高了整体的续航能力和活动范围。同时还可实现数据的实时回传，并通过智能手机对组合系统进行远程遥控和监控。设备适配传回数据的处理分析系统，以对回传数据实现更加合理的利用。

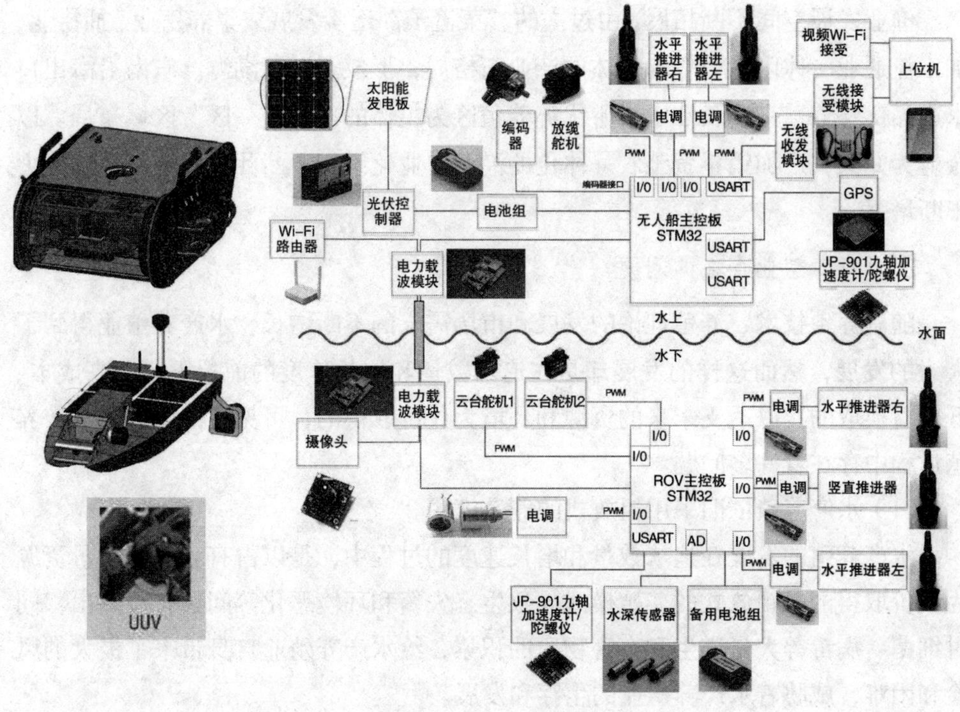

图3-4 产品实现图

二、产品开发背景

1. 水产养殖业发展现状

中国是世界上最大的水产品生产国、出口国和消费国，占据了全球大概三分之一的市场份额。中国是世界上水产品产量增长最主要的来源，尤其是中国的水产养殖在过去三十年间快速增长。中国也是世界上水产养殖产量最大的国家，2018 年的水产养殖产量为 52.3mmt，占全球水产养殖总量的 60% 以上。由于中国在水产养殖方面的亮眼表现，如不把中国算在统计范围内，水产养殖所占消费份额将由 56% 降至 33%（2017 年）。

目前我国有 71 个水产品年成交额超过 1 亿元的水产市场，最大的淡水产品批发市场为武汉大东门水产品批发市场，日均成交 40 万千克，日成交额 200 多万元，年成交额约 75 亿元。

但同时中国的水产养殖业仍处于快速发展阶段，产业成熟度低，与发达国家的水产养殖产业，如挪威工业化的三文鱼网箱养殖相比，中国的水产养殖仍较为传统，生产分散，技术水平低，集约化程度不高，未来仍有很大的发展空间。

渔业发展空间不断拓展，由过去的“菜篮子”逐步发展成集养殖业、捕捞业、加工流通业、休闲渔业等为一体的产业新格局，形成了以黄渤海、东南沿海出口水产品优势养殖带和长江中下游优势养殖区为主体的“两带一区”区域布局。以企业为龙头，产加销、贸工农一体化的渔业产业化组织不断壮大，辐射带动能力不断增强。

2. 水产养殖业存在的问题

随着养殖技术、养殖理论的发展和市场需求的不断增长，水产养殖业得到了大力的发展，然而这样的发展却是在追求数量和增长速度的前提下，以高成本、低效益换取的，以透支未来的资源和环境为代价取得的，可见我国在进行水产养殖过程中存在着许多问题。

（1）水产养殖依旧采用粗放式的养殖模式。

水产养殖的发展在追求数量和增长速度的过程中，是以占有和消耗大量资源为代价取得的。粗放式的养殖模式导致生态失衡和环境恶化等问题日益突出，同时细菌、病毒等大量滋生和有害物质的积累，给水产养殖业自身带来了极大的风险和困难，威胁着水产养殖业的生存和发展。

（2）水产养殖水域开发与规划欠科学。

近年来，沿海地区都对浅海滩涂和养殖水域进行了功能区划。应该说，这种区划从整体上看是科学可行的，但在具体生产操作中却存在不少问题。

养殖区域过度扩张，影响了自然资源的繁衍和生长。众所周知，自然资源的产生、生长和消亡都有一定的规律。从海洋渔业资源的角度来说，任何水域若经过较大的人工改造，必然打乱固有的自然生物生长环境，使传统的地方名产变态变性，甚至灭绝。另外，不少地方在规划养殖区时，忽视了鱼类洄游和索饵通道，严重影响了各种自然水生物的生长，导致自然生物的变态与减少。

（3）水产养殖对环境产生负面影响，可持续发展性受挫。

水产养殖被认为是满足世界对水产品日益增长需求唯一的解决方案。然而，水产养殖生产与环境的保护存在一定的矛盾，如水产养殖引起水体污染、湖库富营养化、海水发生赤潮等。同时水产养殖行业出现了饵料商业化、养殖模式集约化的趋势。中国目前的水产养殖模式也很快进入到了以饲料为基础的新阶段，传统的粗放式淡水鱼混养的养殖逐渐变为单一品种的集约化精养，从而使水产养殖的模式和方式发生了很大的改变，使得中国水产养殖产品面临着诸多环境可持续性的问题。

在绿色、低碳和环境友好发展新理念的引导下，发展生态系统水平的水产养殖已成为业界的共识，但是，现在我国水产养殖中不论淡水养殖还是海水养殖，传统的、粗放式的养殖方式在生产中仍占绝对优势，这种状况在短时间内不会根本改变，如图 3–5 所示。为此，不仅要探索新的养殖生产模式，还要采取现代化工程技术措施，如大力推进传统养殖方式的标准化、规模化发展，提升机械化、信息化技术水平和防灾减灾能力，缩小与发达国家在产出和耗能方面的差距，使我国水产养殖业的现代发展有一个新的起点，从而促进我国渔业的科技进步和现代化发展。

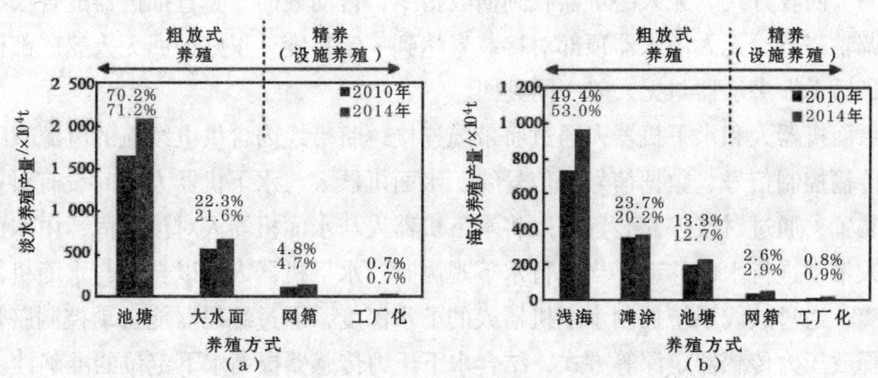

图3–5 我国主要水产养殖方式及效益分布图

三、产品技术设计

1. 产品功能

团队以合理性及可行性为前提，进行思路创新或原理创新，提出设计方案。对“云舟”具备的功能设计如下：

（1）无人潜水器和无人船结构精巧，稳定，低水阻；

（2）通过智能手机 APP 人机交互界面进行控制，既可通过屏幕上按钮控制，也可通过手机重力感应控制；

（3）能通过控制界面灵活地控制无人潜水器进行水下观测，控制无人船的运动，并进行远程监控；

（4）无人船可以根据目标深度自动收放无人潜水器；

（5）系统可进行 GPS 自主定位导航，姿态调整，无人潜水器自动规划路径；

（6）利用太阳能补充能源。

对于整个系统的运作方式设计如下：

（1）工作方式。通过一个带有深度传感器、九轴惯性传感单元等元器件的无人潜水器下潜到要求深度，通过航位推算定位到工作地点，用摄像头把水下图像信息回传给水面无人船，无人船再远距离传输到岸基上的控制系统，并通过回传的图像信息及状态参数作为反馈，远程操控无人船及无人潜水器观测目标。

（2）下水方式。无人潜水器顶部和无人船底有对接装置，对接装置采用卡位连接，与无人潜水器对接时，无人潜水器顶部对接装置卡在无人船底部钩槽内。将无人潜水器和无人船一起推入水中，下水时，无人潜水器相对无人船向前移动便可离开对接槽，自由移动。

（3）回收方式。无人潜水器收到回收指令，自动驶回，竖直推进器配合放线绞盘调整姿态，无人潜水器顶部对接装置达到一定高度，正好退回无人船底部槽内。最后无人潜水器与无人船一同驶回。

水面机器人和水下机器人通过脐带缆连接，脐带缆内含供电续航的电源双绞线和传输控制信号、数据信号的信号线。水面机器人与水下机器人之间设有对接停靠装置，通过对接停靠装置可以将水下机器人与水面机器人对接稳固，由水面机器人带动进行水面移动；当进行水下观测时，水下机器人可以自动与水面机器人分离，通过放线系统控制水下机器人的下水深度，通过编码器能自动控制脐带缆的释放压力传感器定深等方式，结合水下压力传感器提高水下定位的准确性。

2. 产品结构

（1）无人潜水器结构。如图 3–6 所示，无人潜水器包括主舱、推进器和重心调节块，主舱为密封舱；无人潜水器两侧有两个水平放置的推进器进行前进后退及转向的运动；主舱内安装有航行器控制用的电子设备；主舱内安装有电源控制设备；主舱中部安装云台摄像头，云台可进行俯仰、旋转；主舱中装有 LED 灯进行照明；无人潜水器尾部有调节重心的重物；无人潜水器重心处有一个竖直放置的推进器进行潜浮运动。

图3–6　无人潜水器三维模型

（2）无人船结构。如图 3–7 所示，无人船包括船体、推进器、放线绞盘、GPS 天线和太阳能电池板；船体采用双体船结构；船尾两侧的水线以下布置两个推进器控制前进后退和拐弯运动；船甲板上安装太阳能电池板；船舱内安装光伏电压控制器，控制太阳能输入电压；船舱内安装航行器控制用的电子设备、无线通信设备及视频图像传输设备；船舱内安装放线绞盘和放缆舵机，通过船首滑轮，释放脐带缆连接无人潜水器；船尾安装 GPS 天线。

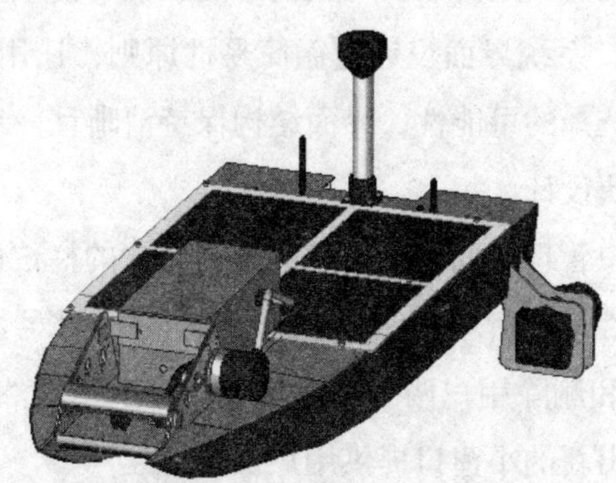

图3–7　无人船三维模型

3. 性能需求

非功能性需求指定系统必须满足定时约束或容量约束，为了使本平台能够高效准确安全地运行，必须满足以下的性能需求。

（1）软件总体要求。

①可靠性原则。系统设计能有效地避免单点失败，在设备的选择和关键设备的互联时，应提供充分的冗余备份，一方面最大限度地减少故障的可能性，另一方面要保证系统能在最短时间内修复。

②可管理性原则。整个系统的设备应易于管理，易于维护，操作简单，易学，易用，便于进行系统配置，在设备、安全性、数据流量、性能等方面得到很好的监视和控制，并可以进行远程管理和故障诊断。

③可扩展性原则。水下无人机器人系统应具有高扩展性，能够方便集成不同的设备，并预留接口以适应未来拓展需要。

④出错处理需求。系统具有一定的容错能力，能检测到用户的错误操作并给出错误提示。

⑤接口良好性原则。水下无人机器人系统要求能够提供良好的接口，便于系

统的维护与修改，同时可比较方便地进行业务流程的修改及其他功能的增加。

⑥安全性原则。系统要求具有较高的安全级别。系统应能提供多种安全手段防止系统外部成员的非法侵入及操作人员的越级操作，保护本系统建设者的合法利益。所有应用项目和软件都应具有完整的安全方案。

⑦规范性原则。系统设计所采用的技术和设备应符合国际标准、国家标准和业界标准，具备为系统的扩展升级及与其他系统互联的良好基础。

⑧界面设计原则。系统界面设计遵循简易性原则，让用户便于使用和了解，并减少用户发生错误选择的可能性，界面结构保持清晰且一致。

（2）后台系统模块设计。

①用户管理。用户管理界面显示信息的表格包含的栏位信息变化为：人员编号，登录账户，真实姓名，所属角色，手机号，备注，账号状态，操作。其中操作栏位包含编辑用户和删除用户两个功能按钮。左上角依然是增加和刷新按钮，点选功能按钮后会弹出新的小窗口提供用户操作。

②基础信息设置。进入此页面后用户可以更改各系统模式设置及其他基础信息，完成后可以点选保存。

③远程控制。在控制主界面，用户可以进行各类遥控操作，有主要的触屏按钮，以及指南针、导航仪等，能看到自身位置。

④拍摄录像。用户可以打开拍摄录像模式，调节拍摄品质要求，调节参数及拍摄模式。

⑤数据保存上传。用户数据可以自动保存一段时间，根据需要可以主动上传至网盘。

4. 技术指标

（1）水平航行速度：本设计无人潜水器工作在浅水水域，设计航行速度为2~3 节，即大约 1~1.5m/s。本设计样机无人船与 ROV 保持相近航速。

（2）工作深度：水下机器人主要工作范围为 0~40m，最大下潜深度可达50m。

（3）搭载载荷：水下机器人为观察级，最低承载能力为 2kg；水面机器人要保证拖拽住水下机器人，所以最低承载能力为 10kg。

（4）推进器推力：无人潜水器前进后退 0.5~2kgf，上浮下潜 0.5~1kgf；无人船前进后退 0.5~2kgf。

（5）云台范围：旋转角度 ±70°，俯仰角度 ±70°。

（6）整体尺寸：本设计无人潜水器采用扁平流线型，长 × 宽 × 高为 461 × 425 × 211。

（7）最大续航能力：24 小时，并支持自动返航补给。

（8）重量：无人潜水器空气中重量为 6.5kg，水中重量为 0，通过调节配重物将 ROV 调节为零浮力。

5. 机械结构设计

（1）整体平衡方案设计。

无人潜水器需要有足够的稳心高度，即中心高度和浮心高度相差不超过 3cm，并处于中心位置以防止无人潜水器倾斜。重心则处于浮心以下，受到水流扰动偏离平衡位置后，重心总是升高，重力与浮力形成复原的力矩，保证无人潜水器的稳定。无人潜水器稳定原理如图 3-8 所示。

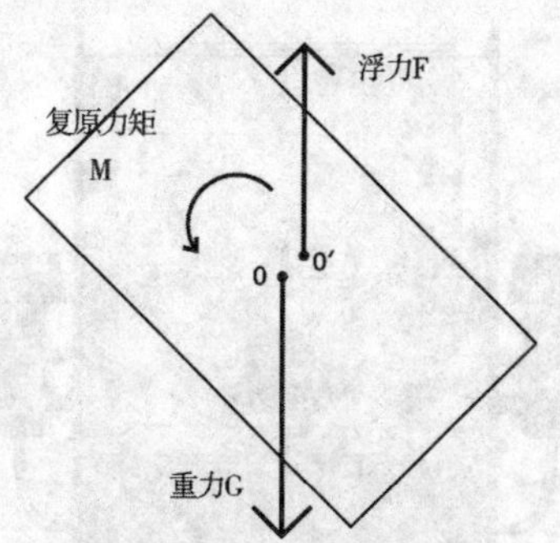

图3-8 无人潜水器稳定原理

横向重心位置通过改变重块固定位置来调节，纵向重心位置通过调节后方载重模块的重量来改变。利用三维制图软件将每一部分零件的材料输入然后利用软件计算出无人潜水器的重心及浮心位置。

无人船应考虑航行时候的稳定性，采用双体船结构，由两个分开的片体组成，使水线面的横向惯性矩大大增加，所以复原力矩大，稳定性好，稳性储备比单体船大 2~4 倍。双体船单位排水量甲板面积比单体船大 50%，大大增加了甲板面积，可以有效地增加上层建筑层次及太阳能电池板的面积，而不用担心稳性不够，易于操纵。通过调节电池的位置调节重心。

（2）观测和照明系统方案设计。

本产品通过摄像头获取水下图像信息，当水下光照度不够时可打开照明灯，为摄像机提供一定的光强度。通过智能手机 APP 人机交互界面控制云台调节摄像头俯仰及旋转，使 ROV 在水下能看到周围的图像。在水下浑浊的环境中观测时，则在底部加装声呐设备，使用声呐成像。

LED 灯节能寿命长、色彩丰富饱满、启动时间短等优点使得它在水下摄像中得到普遍使用。随着水深的增加，太阳光逐渐减弱，到达一定深度后太阳光减弱到不足以识别水下物体，必须增加光亮度。通过按键打开及关闭 LED 灯，并且通过按键四级调节 LED 灯的亮度。

（3）动力系统解决方案设计。

ROV 和无人船均使用 1kgf 推力级螺旋桨推进器。如图 3–9 所示，ROV 选择 3 个自由度，在水平方向上，于重心两侧布置两个推进器实现前进后退、拐弯和自身旋转运动，重心位置上竖直放置一个推进器控制上潜下浮运动。无人船船尾两侧，水线以下布置两个推进器控制前进后退和拐弯运动。

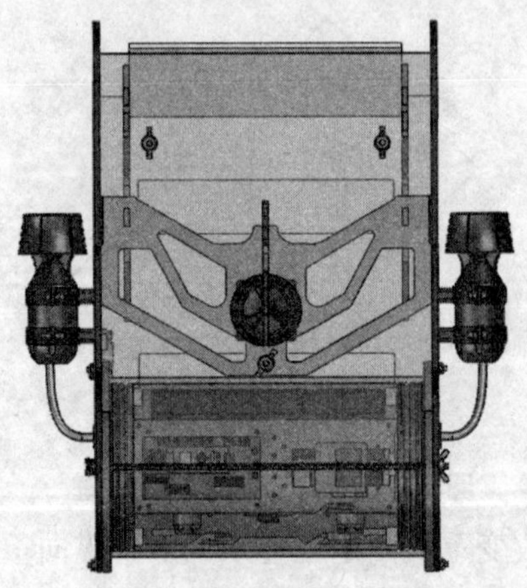

图3–9　无人潜水器动力布置

支持双电源供电。主电源布置在无人船上，备用电源布置在 ROV 主舱。采用能量比高，重量轻，使用寿命长，可快速充电的锂电池组。为了得到更多的电量，可以把两个或者更多个电池并联起来。在尺寸允许的范围内，使用尺寸更大的电池。本作品选择容量为 20.4Ah/3s 的 16850 锂电池组进行供电，数量根据需要的续航要求和空间综合决定。

无人船上面安装有太阳能电池板，可以利用太阳能对电池进行充电，通过光伏控制器控制电流。在尽量降低系统功耗的同时，利用可再生能源，可以提高水下机器人的续航能力。

6. 控制系统设计

（1）系统通信方案设计。

无人船设计有视频采集及实施传输功能，视频信号以流的形式通过 HTTP 进行传输，为了实现视频信号由无人船到上位机方向的单向传输，以通过设置无线网桥的形式作为初步解决方案。

如图 3-10 所示，通过在路由器及无人船上设置无线 CPE，实现点对点的远距离无线传输，达到远距离无线覆盖的效果，使 raspberry Pi 和上位机处于同一网段下。选用 5GHz AC867 无线 CPE TL-CPE500，使用 5GHz 频段，有着更好的防干扰性能，减少了视频传输的卡顿，避免数据丢包，最长理论传输距离为 5km，满足无人船工作环境的需要。

图3-10　网桥连接方式

（2）抗电子干扰方案设计。

无人潜水器需要进行实时的姿态检测，并通过无线通信将数据经由无人船上传至上位机进行监测。采用先进的数字滤波技术，能有效降低测量噪声，提高测量精度。本产品无线通信采用 E31-TTL-50 433M 通信模块，利用窄带传输，具有传输功率密度集中、传输距离远、抗干扰性强的特点。视频线采用双绞方式。电路板设计中，合理布置元器件，促进通风散热，避免信号线与动力线、数据线与脉冲线接近。采用光电隔离技术，并且在隔离器件上加 RC 电路滤波。电路设计中利用电源去耦措施，可以保证电源线上干扰尖峰不能使逻辑器件的输出状态发生变化，增强了数字系统的稳定性和抗干扰能力。

7. 水下自动避障方案设计

机器人在检测水下障碍物时，先采用摄像头拍摄水下环境以获取相应的视频信号，用 LM1881 视频分离芯片分离该视频信号，再通过 AD 转换将视频信号转换成数字信号，最后采取边缘检测图像处理算法识别障碍物。

（1）硬件设计。

当下主流的模拟摄像头有 CCD 和 CMOS，两者都是利用感光二极管进行光电转换，将图像转换为数字数据。本产品采用 CMOS 传感器，其优点是电源消耗量比 CCD 低而且成本比 CCD 低很多。CMOS 传感器中，每个像素都会连接一个放大器及 A/D 转换电路，用类似内存电路的方式将数据输出。

（2）下位机图像采集及处理。

为了对水下可能存在的障碍物进行识别及避障，本产品将通过 AD 采样获取到的数字信号进行算法分析处理，采用边缘检测方法来实现障碍物的寻找。边缘检测算法分为行边缘算法和列边缘算法。

任何边缘检测法都需要经过噪声处理才能在原始数据上算出很好的结果，所以第一步要对原始数据进行噪声处理。将数据与高斯平滑模板作卷积，得到的图像虽然与原始图像相比有些轻微的模糊，但对于要进行边缘检测算法运算的图像数据，这点损失是微不足道的。原始图像如图 3-11 所示，经过噪声处理的图像如图 3-12 所示。

图3-11　未经噪声处理的原始图像

图3-12 经过噪声处理后的图像

8. 定位及姿态调整方案设计

本产品中无人船采用 GPS 定位，无人潜水器和无人船均采用 JY-901 系列模块集成高精度的陀螺仪、加速度计、地磁场传感器，结合惯性传感器，采用高性能的微处理器和先进的动力学解算与卡尔曼动态滤波算法，能够快速求解出模块当前的实时运动姿态，姿态解算界面如图 3-13 所示。自动航行时，无人船实时调整姿态，主要保证偏航角值。采用 511OEM 压力变送器作为水深传感器，编码器测量脐带缆释放量，实时反馈下潜深度。

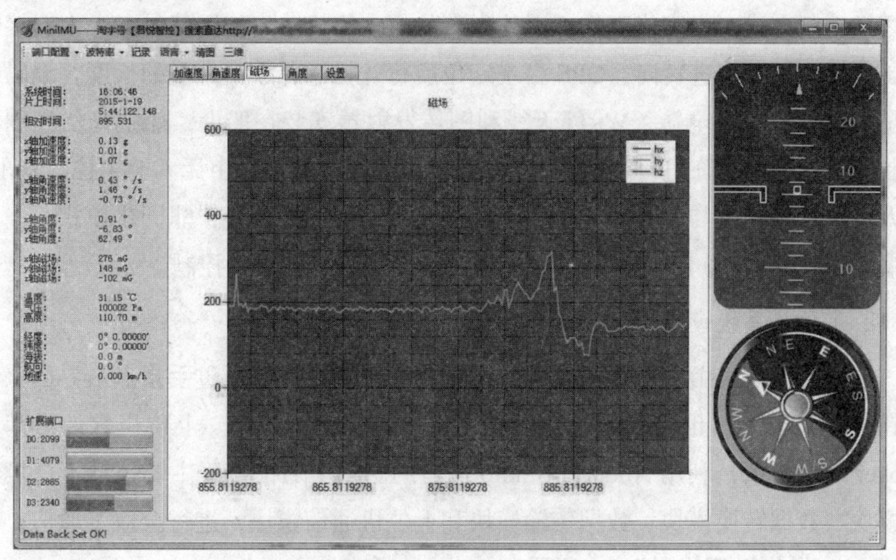

图3-13 姿态解算界面

无人潜水器回收时，竖直推进器和放线绞盘配合。在上升过程中，单片机结合传感器数据进行控制，调节无人潜水器的偏航角。

9. 防水密封方案设计

ROV 的水密耐压主舱可以用来装置摄像机、控制电路板、电池组及传感器等，提供一个耐压防水的环境使它们免遭水下环境的腐蚀与压力的破坏。水面机器人舱内安装控制电路板、光伏电压控制器、电池组及数据发射器等，也需要一个密封防水的环境进行保护。

水下机器人主舱采用密封圈密封，使用既可保证密封可靠又能使封头易拆卸的 O 形密封圈。推进器电机采用油封，转轴与端盖的结合面添加密封零件。水下接口采用螺纹密封防水接头。水面机器人密封防水要求较低，在船沿增加凹槽，使用橡胶圈，通过螺纹固定。本产品船体采用木质骨架和外壳构筑，表面涂上环氧树脂进行防水固化。环氧树脂具有黏结力强、机械强度高、耐腐蚀性良好、耐水性好的优点。

四、产品样机实现

1. 控制方案设计

产品根据工作需要，需要组合系统能够有不同的配合。在不同的条件下，通过切换控制方式，来完成工作。因此本产品由上位机输出控制信号，无人船接收控制信号，调节前进转向，GPS 自主定位航行，控制释放脐带缆的长度，编码器测量放缆长度，主电源、Wi-Fi 天线和图传发射器安装在船上，船上光伏控制器控制太阳能电池板充电；同步模式下，无人潜水器控制信号由无人船主控板发出，无人潜水器会自主与无人船联动，潜浮运动与放缆舵机同步；非同步模式下，无人潜水器独立运动；LED 灯光亮度、云台的俯仰和旋转单独控制。

2. 上位机系统设计

本产品上位机由安卓手机控制，人机交互系统既可以通过手指点击界面上的按钮控制机器人，也可以通过手机姿态（重力感应）控制。上位机软件是基于 Socket 网络协议，利用 Android Studio 编写的。整个通信流程主要包括下位机通信模块、数据转换模块、数据传输模块和上位机通信模块，进行全双工通信。其整体 APP 操作界面如图 3–14 所示。

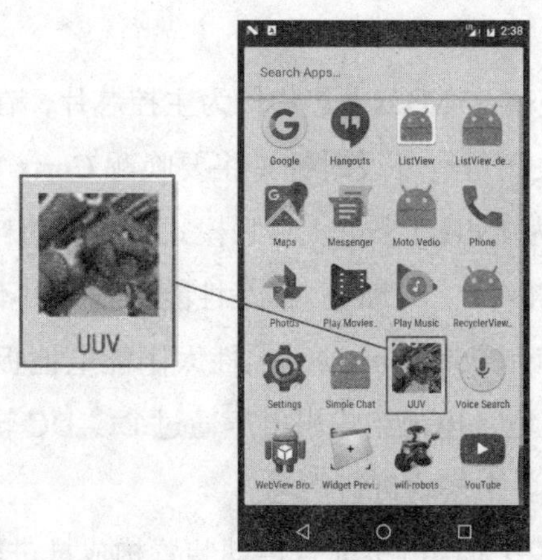

图3-14 渔业系统控制软件

无人潜水器操纵界面如图 3-15 所示，其各个控制按钮可以分别控制机器人在水下前后移动和上浮下潜等运动、灯光亮度及摄像头角度的调整。通过 Wi-Fi 远距离传输数据，可以在界面上实时监控显示机器人的状态，比如机器人的位置、姿态、电池电量等；显示自身传感器的信息，比如实时显示三轴加速度和角度，显示磁力计等传感器的读数等；可以将监控信息以 TXT 或者 EXCEL 格式保存，监控信息包含了采样时刻的时间戳；可以接收机器人上传的视频信息，并显示出水下机器人拍摄视频。点击左上角“船”按钮，可以跳转到无人船操作界面，同样的操作按钮，可以控制无人船前后左右运动，因无人船基本处于同一水平面运动，故未设计上下按钮。

图3-15 无人潜水器操纵界面

3. 下位机系统设计

（1）控制系统：使用 STM32L1 芯片作为主控芯片，在不需要进行数据采集和处理的时候，可以关闭所有外设时钟（将要唤醒 Cortx 内核的时钟除外），并开启内部 HSI(可设置为 1MHz) 来进入睡眠模式，在低功耗睡眠模式下功耗仅为 6.1A，虽然功耗比低功耗 430 芯片略高，但是性能比之高出不少，所以选用该芯片。

（2）供电系统：定制 55Wsunpower 柔性太阳能电池板，再通过太阳能电池控制器对电池组进行充电，电池组输出电压通过 DC–DC 转换器转换成系统所需的 12V 和 5V 电源，对各个模块进行供电。

（3）动力系统：使用无刷电机配合传动装置构成推进器，单片机输出 PWM 波来控制电子调速器，然后驱动无刷电机。

（4）摄像系统：使用两个小型金属舵机制成摄像头云台，控制摄像头位置，信号端只要输入一个 50Hz 的方波信号，然后控制信号周期的高电平脉冲持续的时间就可以控制速度和正反转及停转。一个高电平脉冲持续的时间对应一个速度。高电平为 1~1.5 ms 时，舵机正转（1 ms 时正转速度最快，越接近 1.5 ms 越慢，1.5 ms 时舵机停转），高电平为 1.5~2 ms 时舵机反转（1.5 ms 时舵机停转，越接近 2 ms 反转的速度越快，2 ms 时以最快的速度反转）。

（5）无线电收发模块与主控电路板连接并与上位机通信；水深传感器输出 4~20 mA 的电流信号，通过精密电阻转换成电压信号后，由主控芯片集成的 A/D 转换器实现信号的数字化和采集；GPS 导航模块和九轴惯性传感器通过串口与主控电路板通信；LED 灯由主控电路板通过 LED 恒流驱动芯片来控制亮度。

4. 软件界面设计

遥控操作控制设备的人机交互系统既可以通过手指点击界面上的按钮控制机器人，也可以通过手机姿态（重力感应）控制。水下机器人操纵界面，其各个控制按钮可以分别控制机器人在水下前后移动和上浮下潜等运动、灯光亮度及摄像头角度的调整。通过 Wi-Fi 远距离传输数据，可以在界面上实时监控显示机器人的状态，比如机器人的位置、姿态、电池电量等，进行方向指南、GPS 定位导航等；显示自身传感器的信息，比如实时显示三轴加速度和角度、显示磁力计等传感器的读数等；可以将监控信息以 TXT 或者 EXCEL 格式保存，联网上传网盘，

监控信息包含了采样时刻的时间戳；可以接收机器人上传的视频信息，并显示出水下机器人拍摄视频，进行拍照录像。点击下方“无人船”按钮，可以跳转到水面机器人操作界面，切换回水下机器人操作界面的方式相同。

注册账号登录后可以进入用户个人界面，用户个人界面如图 3-16 所示，可以本地储存航行记录，包括航行时间、总里程、航行次数、最长里程、最大深度、最大航速等，以及用户的行程记录图及经过的地区。图中显示了用户的航行总时间为 3h11min，航行总里程 19714m，累计航行次数 40，左下角显示的是用户当前坐标为杭州市，行程 772m，时间 8min。通过左右拉动可以切换信息界面。点击右上角的“同步按钮”，可以将数据信息上传至云端存储。

图3-16 用户个人界面

下方列有几个功能按钮，包括“设置”“连接”“分享”及一些需要购买权限的“扩展功能”，比如渔业检测、咨询专家等。“设置”为基础设置，可以设置 APP 的使用信息，包括密码、通知、亮度、壁纸、软件更新、内存管理等。“连接”功能进行 APP 和水下无人机器人系统的连接。“分享”功能将本地数据分享到其他网络社交平台，数据观测界面如图 3-17 所示。

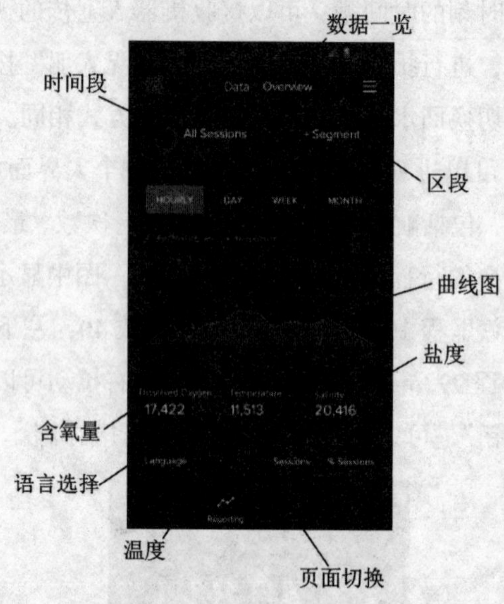

图3-17　数据观测界面

在数据观测页面中可以检测水下无人机器人系统所搭载的传感器所采集的数据。数据以图表、数据的形式显示，可以选择图表的横纵坐标，选择图表类型。用户可以选择自己想要检测的参数，通过按钮控制显示、隐藏。检测数据可以进行保存和转发的操作。

第四章　大学生课外科技创新活动

第一节　大学生课外科技创新活动形式

课外科技创新活动作为一种探索性的实践过程，其任务是探索未知，其最为突出的特征就是“创新”。学生课外科技活动是一种实践环节，在活动过程中强化学生实际动手能力和实践技能，实现从科学知识型向实用技能型转化。群众性的学生科技创新活动，是迸发创新灵感的好时机，有利于学生将课本知识和实际问题相结合。许多新思想、新方法、新技术的产生均源于这种实践活动。

一、大学生课外科技创新活动介绍

1. 全国大学生创新创业训练计划项目

全国大学生创新创业训练计划项目倡导发挥学生为主体的创新实验改革，调动学生参与科技实践的主动性、积极性和创造性，使学生得到创新性科学研究的锻炼，培养学生的科研能力及创新兴趣。包括创新训练项目、创业训练项目和创业实践项目三类。每个项目由学生和导师共同拟定课题，并在导师指导下，组成研究团队，利用课余时间自主进行实验方法的设计、组织设备和材料、实施实验、数据分析处理、总结报告等工作，以培养学生发现、分析和解决问题的兴趣和能力。项目内容由学生自己提出或教师课题相结合，自己组队进行。参与计划的学生在导师指导下自主设计、自主完成创新实验项目，并自主进行创新实验项目的过程管理。国家教育部以项目的形式资助。

2. 杭州电子科技大学大学生创新创业训练计划

杭州电子科技大学大学生创新创业训练计划，是根据本科人才培养新体系的要求，以培养学生创新意识和创新能力为主要目的，通过组织学生在教师的指导下，自主进行课题研究和探索，了解和掌握基本的科学研究方法和手段，培养大学生严谨的科学态度、创新意识和团队合作精神，提高大学生的科研创新能力和综合实践能力。学生自主立项或与教师的科研项目相结合。该计划由学生自行实施，教师个别辅导，学校以项目的形式资助。

3.“挑战杯”大学生创业大赛“挑战杯”

大学生创业大赛旨在培养学生的创新、创业意识，造就符合未来挑战要求的高素质人才。竞赛采取学校、省和全国三级赛制，分预赛、复赛、决赛三个赛段进行。

4.全国大学生电子设计竞赛

该竞赛是面向大学生的群众性科技活动，目的在于推动高等学校促进信息与电子类学科课程体系和课程内容的改革，有助于高等学校实施素质教育，培养大学生的实践创新意识与基本能力、团队协作的人文精神和理论联系实际的学风，为优秀人才的脱颖而出创造条件。竞赛由大赛组委会命题，参赛学生 3 人组成小组，选择其中一个命题，在规定时间内自主完成设计、制作、调试和总结等工作。

5.全国大学生“飞思卡尔”杯智能汽车竞赛

为加强大学生实践、创新能力和团队精神的培养，促进高等教育教学改革，由教育部高等学校自动化专业教学指导分委员会主办了全国大学生“飞思卡尔”杯智能汽车竞赛。该竞赛是以智能汽车为研究对象的创意性科技竞赛，是面向全国大学生的一种具有探索性工程实践活动，是教育部倡导的大学生科技竞赛之一。该竞赛以“立足培养，重在参与，鼓励探索，追求卓越”为指导思想，旨在促进高等学校素质教育，培养大学生的综合知识运用能力、基本工程实践能力和创新意识，激发大学生从事科学研究与探索的兴趣和潜能，倡导理论联系实际、求真务实的学风和团队协作的人文精神，为优秀人才的脱颖而出创造条件。全国大学生“飞思卡尔”杯智能汽车竞赛一般在每年的 10 月公布次年竞赛的题目和组织方式，并开始接受报名，次年的 3 月进行相关技术培训，7 月进行分赛区竞赛，8 月进行全国总决赛。

6.杭州电子科技大学电子设计竞赛

该竞赛旨在促进该校电子制作类科技竞赛的发展，吸引、鼓励广大学生踊跃参加课外科技实践活动，培养在校大学生的创新能力、协作精神，增强学生动手能力及工程实践素养，提高学生联系实际进行电子设计、制作的综合能力。由校大赛组委会命题，参赛学生 3 人组成小组，选择其中一个命题，在规定时间内自主完成设计、制作、调试和总结等工作。

7. 浙江省大学生智能汽车竞赛

浙江省大学生智能汽车竞赛是以智能汽车为研究对象的创意性科技竞赛，是面向大学生的一种具有探索性工程实践活动。本竞赛以“立足培养，重在参与，鼓励探索，追求卓越”为指导思想，旨在促进高等学校素质教育，培养大学生的综合知识运用能力、基本工程实践能力和创新意识，激发大学生从事科学研究与探索的兴趣和潜能，倡导理论联系实际、求真务实的学风和团队协作的人文精神，为优秀人才的脱颖而出创造条件。浙江省普通全日制高校本专科在校学生均可参加。每个学校最多每组 3 个参赛队伍，独立学院独立组队参赛。每队的指导教师不超过 2 名。

二、大学生课外科技创新活动模式探索

课外科技活动在培养人才方面有不可低估的作用，是一种新型的学习方式，也是一种创新的教学方式。对此，各高校针对自身的具体情况，为推进课外科技活动的开展采取了一系列的方法和措施，并取得了不少的成绩和进展。杭州电子科技大学作为一所电子信息特色突出的教学研究型大学，在这方面取得了良好的成效。

搭建科研竞赛平台，指导学生科技创新。学校、学院采取措施，要求并鼓励专业教师加强对学生参加课外科技创新实践活动的指导。成立学科竞赛指导委员会，下设电子设计竞赛、智能小车竞赛、挑战杯、嵌入式系统邀请赛等教练组，对学生科研竞赛进行全面的指导。对于参加科技创新和科技竞赛的同学，学院有组织地提供竞赛培训、实验场地，配备多名指导老师。学院以“芯苗人才”基金为保障的学生科研资助体系，每年立项近百项，每个立项的项目都配有指导老师。学院以无线电协会为基地，不仅提供专门的实验室、元器件、实验设备，还配备专业的科技社团指导老师。

重视学生职业生涯规划教育。 从新生入学开始到毕业踏入社会，职业生涯规划教育一直贯穿于学生的学习和生活，新生入学教育、优秀校友沙龙讲座、职业生涯规划讲座、专业就业指导等方式，帮助学生明确对未来的规划，激发学习积极性。大一和大二学习期间，学院开展各项指导活动，举办名师大讲堂，组织校内外知名教授给学生做讲座。开展名师沙龙活动，和知名教授面对面交流，让教授直接指导学生。学生进入高年级后，学院更加重视学生的就业技能培养，通过就业指导课在课堂上进行指导，邀请知名工作人力资源专家给学生讲解职业生

涯规划、组织学生参观企业、组织学生去企业进行工程实训，邀请知名校友面对面指导学生。这些活动对学生职业生涯规划、职业从业提供了切合自身的教育和指导，为学生的成长提供了条件。

第二节 专利申请的基本知识

专利申请是获得专利权的必须程序。专利权的获得，要由申请人向国家专利机关提出申请，经国家专利机关批准并颁发证书。申请人在向国家专利机关提出专利申请时，还应提交一系列的申请文件，如请求书、说明书、摘要和权利要求书等。在专利的申请方面，世界各国专利法的规定基本一致。

一、专利申请的基本知识

一项能够取得专利权的发明创造需要具备多方面的条件。首先是具备实质性条件，即具备专利性；其次还要符合专利法规定的形式要求及履行各种手续。不具备上述条件的申请，不但不可能获得专利，还会造成申请人及专利局双方时间、精力和财力的极大浪费。为了减少申请专利的盲目性，节省申请人及专利局双方的人力和物力，专利申请人在提出申请以前一定要做好以下准备工作。

《专利法》规定，两个以上的申请人分别就同样的发明创造申请专利的，专利权授予最先申请的人，即先申请原则。因此申请人应该选择好申请的时间，通常情况下越早越好。但是，并不是在所有情况下都应尽早申请专利的。如果一项发明创造太先进，其技术水平超越了时代，就不一定要马上申请专利了。不过，此类情况出现较少。所以一般专利申请要早申请早保护。

对准备申请专利的项目是否具备专利性进行较详细的调查。在做出是否提出专利申请以前，应当广泛掌握资料，充分了解现有技术的状况，对明显没有新颖性或创造性的，就不必提出申请。由于现有技术包括专利文献、非专利文献、本专业的权威性期刊和专著等，还包括国内同行业的技术现状，所以对现有技术做全面调查是一项十分细致和烦琐的工作。尽管这样，对现有技术的调查还是一个不应缺少的环节。申请人至少应当检索一下专利文献，因为专利文献包含了国内外最新的技术情报，又有比较科学的分类方法，往往可以给申请人较大帮助。《专利法》规定，申请一旦提交以后，就不能再做实质性修改，所以申请文件特别是说明书写得不好，将成为无法补救的缺陷，甚至可能导致很好的发明内容得不到专利。

学习和熟悉专利法及其实施细则，了解什么是专利，谁有权申请并取得专利，如何申请和取得专利。对准备申请专利的项目是否具备专利性进行较详细的调查。需要从市场经济的角度对申请专利进行认真考虑。了解专利申请文件的书写格式和撰写要求、专利申请的提交方式、费用情况和简要的审批过程。为了保证专利申请具有新颖性，在提出专利申请以前，申请人应当对申请内容保密。

二、专利申请步骤

1. 申请发明、实用新型专利的原则

根据我国《专利法》第三十一条规定，“一件发明或者实用新型专利申请应当限于一项发明或者实用新型。”即发明、实用新型申请专利必须坚持一发明（或一实用新型）一专利的原则。

2. 申请外观设计专利的原则

根据我国《专利法》的规定，申请外观设计专利，一般也应遵循一外观设计一专利的原则。

（一）申请发明或者实用新型专利应提交的文件

1. 请求书

（1）发明或实用新型的名称；

（2）关于与发明创造及专利申请有关系的人和机构；

（3）申请文件及附加文件的清单；

（4）其他事项。

2. 说明书

首先，说明书是一个技术性文件，是专利申请文件最重要的部分，是申请专利的核心文件；其次，说明书是一个法律性文件，在实践当中，说明书撰写得优与差，将会影响到专利权是否能够获得；第三，说明书的主要内容应包括以下八个方面：发明或实用新型的名称、发明或实用新型所属技术领域、有用的背景技术、发明或实用新型的发明目的、发明的内容、发明的优点及积极效果、有关附图及说明、发明或者实用新型的实施例及最佳实施方案。

3. 权利要求书

权利要求书用以确定申请人请求专利保护的范围，也就是再一次用简明方式写明发明或实用新型的技术特征。

4. 摘要

摘要是对说明书内容的简短说明。

（二）申请外观设计专利应提交的文件

1. 请求书

请求书是申请人向专利局表示请求授予专利权的愿望的文件。

2. 图片或者照片

为了清楚而准确地显示请求保护的对象，申请人可就每件外观设计提交不同角度、不同侧面或者不同状态的图片或照片。

3. 申请日与优先权日

专利申请人向专利局递交上述文件后，即表明专利申请人正式提出了专利申请。专利局收到申请文件后，应当明确申请日，给予申请号，并通知申请人。优先权是《保护工业产权巴黎公约》规定的一种权利，即在申请专利或商标等工业产权时，各缔约国要互相承认对方国家国民的优先权。第一次提出申请的日期即为优先权日。

第三节　孵化创新型技术

一、全国大学生电子设计大赛实例——无线识别装置

（一）摘要

基于标准的 RFID 实现方式的无线识别装置，利用阅读器和应答器两个线圈的互感关系实现功率传输，使应答器能够无源工作；应用了负载调制的方式来实现应答器向阅读器的数据传输，使得双方通信完全不依靠任何其他耦合方式；同时，采用稳压二极管的正向导通及反向稳压特性成功解决了由于应答器接近与离开读写器时读写器检波电路直流工作点的瞬态漂移问题，具有一定的创新性。

（二）方案论证与比较

方案一：采用供能、通信相分离的方式来实现无线识别。

该方案的原理就是将供能和通信分开，用线圈的耦合作用实现应答器的无源供电；而通信则使用无线收发电路制作，比如应用 10m 波段的 MC2833、MC3363 收发电路或者 315MHz、433MHz 等频段的无线数据传输模块来制作。

这样的设计，线圈主要完成能量的传输，比较容易实现，而信号的耦合则是通过其他无线通信途径来完成的，与题目中的“不依靠任何其他耦合方式”这一要求不符。

方案二：采用负载调制的方式，实现供能、通信的统一，如图 4-1 所示。

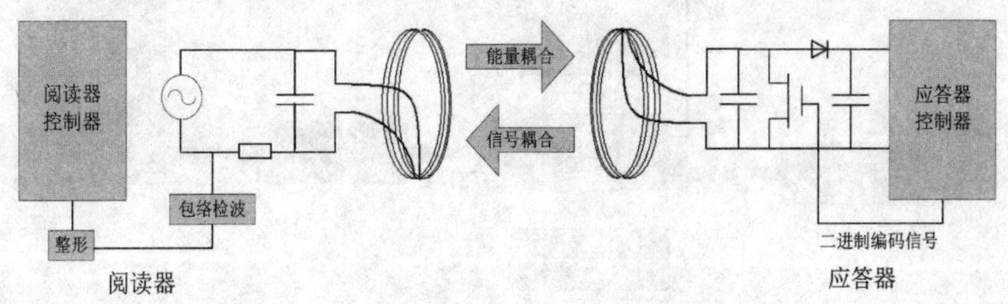

图4-1 采用负载调制方式的无线识别方案

电感耦合系统本质上来说是一种互感耦合，即作为初级线圈的阅读器和作为次级线圈的应答器之间的耦合。如果应答器的固有谐振频率与阅读器的发送频率相符合，则处于阅读器天线的交变磁场中的应答器就能从磁场获得最大能量。同时，与应答器线圈并接的阻抗变化能通过互感作用对阅读器线圈造成反作用，从而引起阅读器线圈回路变换阻抗 Z_T 的变化，即接通或关断应答器天线线圈处的负载电阻会引起阻抗 Z_T 的变化，从而造成阅读器天线的电压变化。根据这一原理，我们可以通过数据控制应答器线圈并接负载电阻的接通和断开，使这些数据以调幅的方式从应答器传输到阅读器。在阅读器端，对阅读器天线上的电压信号进行包络检波，并放大整形得到所需的逻辑电平，实现数据的回收。

综上所述，方案二符合题意且便于实现，因此选用方案二。

（三）理论分析、系统实现方框图与主要特色电路的计算

1. 耦合线圈的匹配理论

对于电感耦合系统来说，只要应答器线圈处于发送天线的近场之内，则互感耦合就是有效的。

根据题目所设置的要求，选用漆包线直径为 0.76mm，所绕制的两个线圈 L_1、L_2，测试得其电感量分别为 12.00 μH 和 12.49 μH，在 4MHz 频率上测得其 Q 值约为 56，折算成等效串联损耗电阻约为 5.5Ω。如果要实现耦合线圈的匹配，为了实现最大的能量传输，初、次级两端分别设置成并联谐振。设计中谐振频率取 4MHz，则通过谐振计算公式 $f_0 = 1/(2\pi\sqrt{LC})$，算得初、次级的谐振电容分别

为 131.93pF 和 126.65pF。实际电路调试通过电容微调可得到最佳匹配。

2. 阅读器电路分析与设计

阅读器总体设计框图如图 4-2 所示。

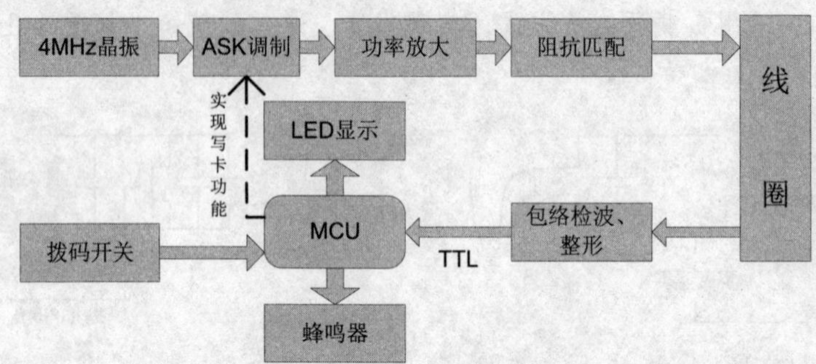

图4-2 阅读器系统总体框图

电路的设计关键点：如何把晶振信号通过功率放大并将能量高效地匹配到线圈，使之具有足够的能力去驱动初级线圈辐射能量；如何对应答器感应在线圈上的信号进行包络检波，恢复数据，实现对负载调制的解调。值得一提的是，阅读器向应答器写数据的功能是通过在阅读器端进行 ASK 调制实现的（虚线部分），考虑到读写器要向应答器提供足够的能量，ASK 调制时信号的占空比要尽可能大一些。

（1）阅读器发射电路分析与计算。

阅读器发射电路不仅仅要提供信号的发射，同时也要发射应答器正常工作所需要的电能。我们采用了 4MHz 的晶体振荡器，经过功率放大，驱动由线圈和电容构成的并联谐振电路。具体实现电路如图 4-3 所示。

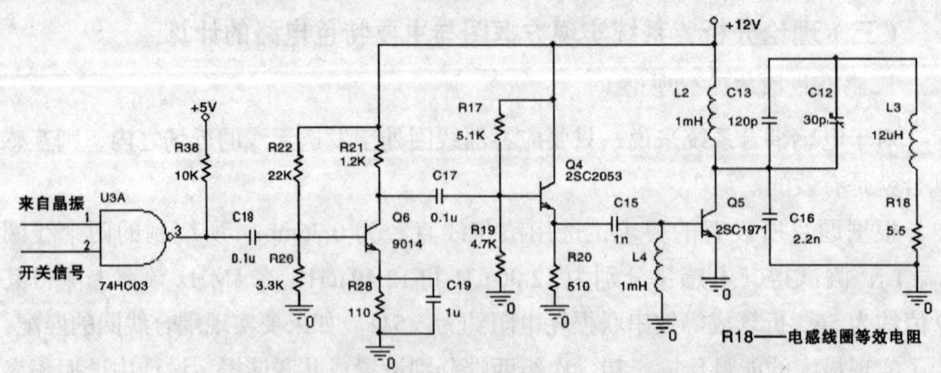

图4-3 阅读器发射电路

晶振的信号通过 U3A，形成受开关控制的 ASK 信号，将该信号送入 9014 构成的单管甲类放大电路进行幅度放大，然后经过 2SC2053 构成的射极跟随器推动后级的功放电路。功放三极管采用型号为 2SC1971 的 NPN 功率晶体管，电路形式采用自给偏压的丙类谐振功放电路，特点是功放电路的效率较甲类及乙类电路高得多。谐振回路通过电容抽头形式并接三极管集电极上，并通过电容接入系数的关系实现所需要的匹配负载阻抗。调节 C12 使谐振回路谐振在 4MHz 上，此时集电极等效负载电阻约为 50Ω，功放在 12V 供电下负载上的最大输出功率约为 $12\times12\div(2\times50)=1.44$（W）。电路参数经 PSPICE 仿真确定。经实际调试测试，表明发射电路工作稳定可靠，性能优异。

（2）阅读器接收电路分析与计算。

当阅读器功放通过线圈发送连续载波时，处于近场中的应答器一旦被激活开始工作，则由前面所述的应答器负载调制原理可知，在阅读器端线圈上可以感应到应答器端负载阻抗的变化，也即会引起功放谐振回路等效阻抗的变化，从而引起谐振回路二端的输出电压改变。所以，当应答器端要发送“01”序列的时候，功放谐振线圈上的电压波形是随“01”序列改变的 AM 信号，图 4–4 和图 4–5 分别是初级线圈包络的仿真图形和实测图形。

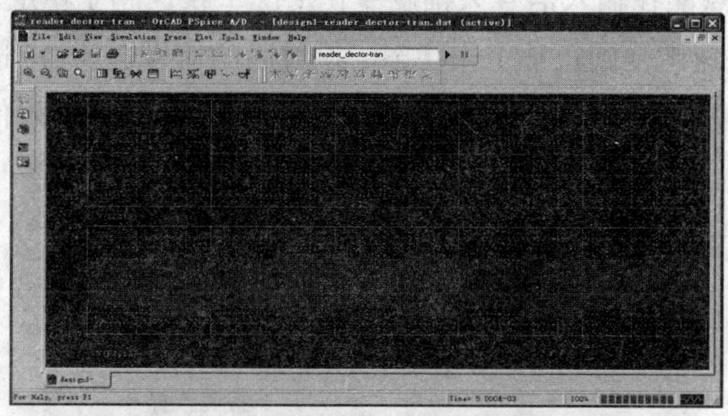

图4–4 初级线圈上包络的仿真图形

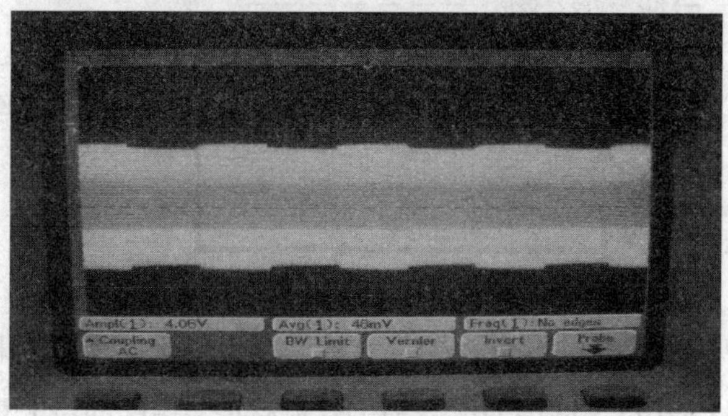

图4–5 初级线圈上包络的实测图形

所以通过负载调制效应，阅读器天线上产生了调幅的边带，对这个信号可以采用包络检波的解调方法。具体实现电路如图 4–6 所示。

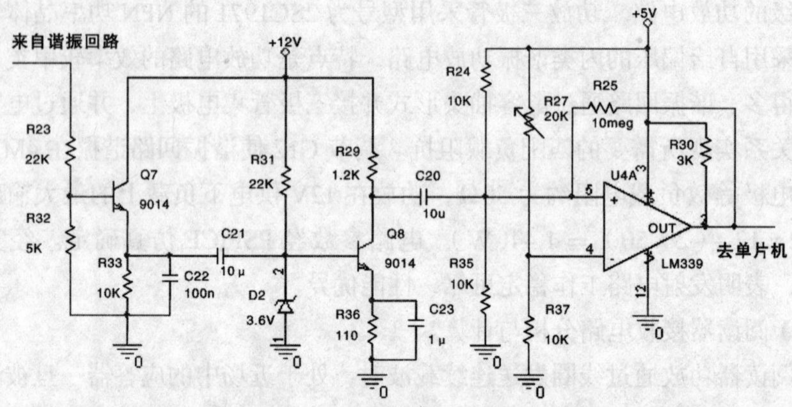

图4–6　包络检波、整形电路

Q7、R33 和 C22 构成三极管有源包络检波电路，检出阅读器谐振回路上信号的包络成分。当应答器线圈接近或离开阅读器线圈时，Q7 的发射极检波输出电压幅度变化很大，稳压管 D1 的引入能为 C21 提供一个低阻抗的充放电回路，便于 Q8 的工作点能在输入信号大幅度变化情况下快速趋于稳定，使得 Q8 及后续比较器得以快速恢复到正常工作状态。检波后的信号送到 Q8 适当放大，然后送入 LM339 比较器比较出 TTL 电平，就能还原出应答器的编码信号，送至单片机解码。

3. 应答器电路分析与设计

应答器总体设计如图 4–7 所示。

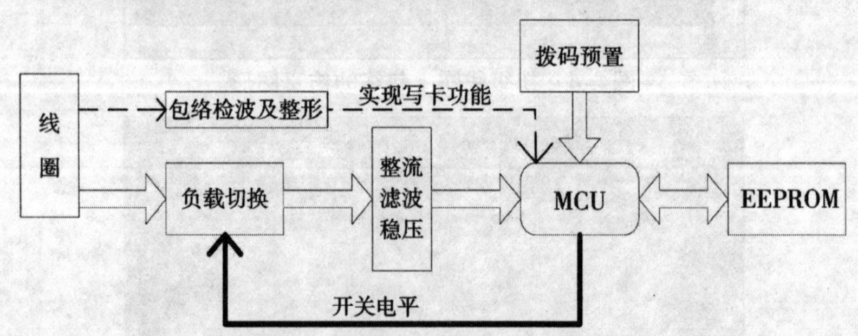

图4–7　应答器系统总体框图

应答器作为一个无源的设备，要依靠线圈耦合供电，所以功耗要求很低。因此选用飞利浦的P89LPC938作为应答器的控制核心，其自带EEPROM，且功耗低，较为适合本设计。

应答器部分电路见图 4–8。通过线圈耦合过来的信号先通过肖特基二极管构成的整流桥整流，而后滤波并经 3.6V 的稳压管提供稳定的直流电压，供单片机等元件工作。该部分最重要的功能是完成数据向阅读器的发送，其完成的原理是负载调制。用门（OC 门）电路 74HC03 切换负载，当发送的数据信号为逻辑 1 时，单片机控制负载为高阻态（OC 门为集电极开路状态），此时初级线圈两端电压的影响很小，包络基本不变；当发送的数据信号为逻辑 0 时，将 R12（300Ω）通过 74HC03 输出低电平接入回路，初级线圈的电压有了明显的下降。当通信数据加载到负载切换开关时，就能在阅读器线圈端得到相应的包络调制信号，通过检波、整形就能恢复原信号。

在写卡模式下（图 4–7 中虚线处），则是阅读器端进行 ASK 调制，应答器端解调接收数据。

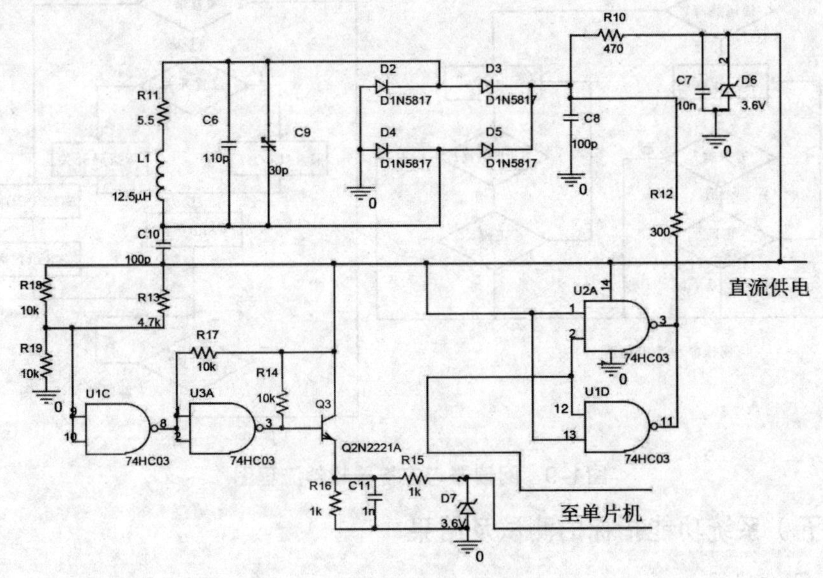

图4–8 应答器部分电路

4. 通信协议的设计

编码方式：阅读器→应答器：逻辑“0”用 6.139 × 3/10ms 的低电平与一段 6.139 × 7/10ms 的 4MHz 载波表示，逻辑“1”用 6.139ms 的 4MHz 载波表示。

应答器→阅读器：逻辑“0”与逻辑“1”为 6.139ms 的 4MHz 的 AM 负载调制载波。

通信握手：由于通信链路上的干扰比较大，必须进行有效的码字判断才能保证正确的传输，应答器每次与阅读器通信，应答器发“0101+ 握手码字”，当应答器成功收到“0101+ 握手码字”，认为链路连接成功，开始接收数据。

数据侦格式：“0101+8bit+ 重复 8bit”，将两个 8bit 数据比较，如果相同则接收，否则放弃。

（四）算法、软件流程图

阅读器与应答器软件流程如图 4-9 所示。

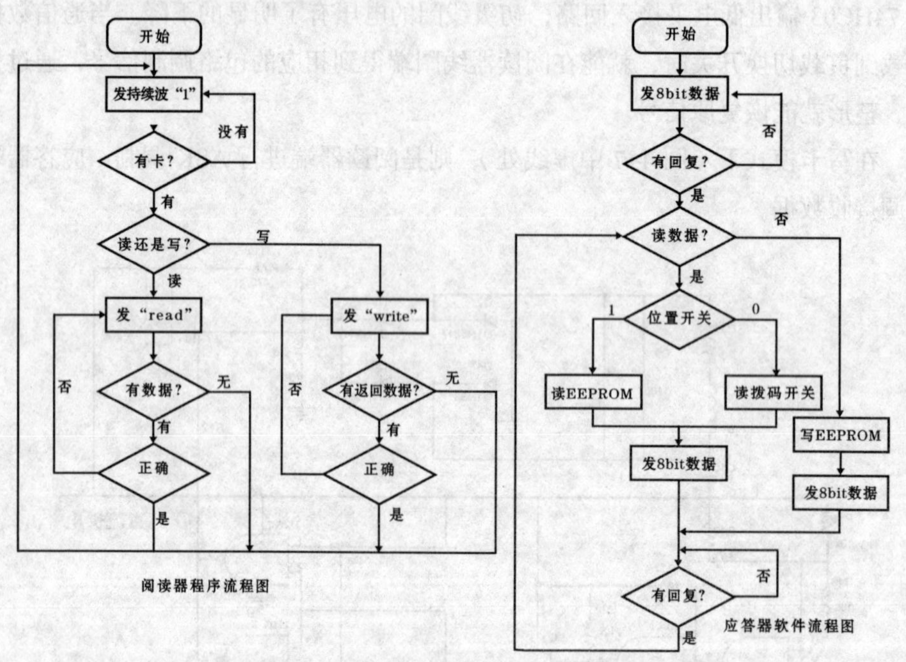

图4-9　阅读器与应答器软件流程图

（五）系统功能指标的测试及结果

1. 测试仪器

所用仪器为 DF1731SC3A 直流稳压电源，TH2817 LCR 数字电桥，Agilent 54622D 示波器，Agilent 33250A 信号发生器。

2. 测试方法

（1）连接好各个设备与仪器，阅读器接直流稳压电源，电压 12V。

（2）应答器与阅读器耦合线圈距离设为 3cm，应答器设为读键值状态，用秒

表测出响应时间，并测出阅读器工作电流，改变编码，重复5次，计算正确率；应答器设为读EEPROM状态，改变预设值，重复测5次，记录各参数。

（3）逐渐增加距离D，重复以上步骤，并记录最大距离时各参数。

3. 数据记录

测试条件：*V*cc=11.5V

测试项目		3cm	4cm	5cm	5.5cm	6.5cm	最大距离 6cm
读键值	阅读器电流	171mA	168mA	169mA	169mA	—	170mA
	发射功率	1.967W	1.932W	1.944W	1.944W	—	1.955W
	响应时间	<2s	<2s	<2s	<2s	—	<2s
	识别正确率	100%	100%	100%	100%	—	100%
读 EEPROM	阅读器电流	171mA	169mA	168mA	170mA	—	170mA
	发射功率 1.967W 1.944W			1.932W	1.955W	—	1.955W
	响应时间	<2s	<2s	<2s	<2s	—	<2s
	识别正确率	100%	100%	100%	100%	—	100%

实际测试中，*D*为6.5cm时，无法正常工作。

4. 结果分析

根据实测结果，控制功耗在2W以下时，测试结果如上表所示：最远距离可以达到6cm, 尤其是响应时间极短，几乎可以在瞬间识别并显示结果，显示正确率实测达到100%。当然，6cm的距离还不够远，需要在电路匹配和电路低功耗设计方面做更多的尝试。

二、软件著作权实例

（一）编写目的

本系统设计了一种Sub–G频段下的无线多级分层组网系统。该系统搭建在868MHz频段下。为了适应不同应用场景，兼顾网络节点的稳定性和覆盖区域，该系统的协议使用了树形——星形混合拓扑，继承了树形拓扑的完整父子逻辑，并在此基础上建立设备结构层级，极大地提高了信息传递的精确度，在防止信号和能量冗余方面也有显著的效果。同时，该协议的特殊结构以及自动组网的特性使得设备节点的安装、检修十分方便，亦可广泛应用于工厂设备管理中。

（二）背景

近年来，物联网和智能家居相关的产业蓬勃发展，无线通信及其协议也再次成为热门的研究方向。目前主流的用于物联网和智能家居产业的无线通信协议主要有三种：Wi-Fi、ZigBee 和蓝牙。这三种无线协议有其不同特性，但也都有其缺点。本项目旨在构建一种小型但低成本、低能耗、适应性更好、维护性更好且更加安全的无线通信协议，为智能家居乃至小区规划、区域建设提供新思路。

（三）定义

Sub-G 频段：指低于 1GHz 的无线通信频段。

多级分层：指本组网系统最多可支持三级拓扑。

组网系统：使组网区域内的节点能够通过特定算法组成网络，实现信息交互。

（四）总体设计

1. 需求规定

（1）软件功能要求。

（2）软件性能要求。

（3）输入输出要求。

（4）故障处理要求。

2. 运行环境

（1）硬件环境：

CPU: Intel 2.20GHz 以上。

内存：1G 以上。

硬盘：20G 以上。

（2）软件环境：

操作系统：Windows XP 系列及以上。

开发工具：keiluvision 3.8 系列及以上。

3. 基本设计概念

本系统分为组网节点、网络终端及服务器三个子模块。

组网节点是组网内信息的传递者和命令的执行者，按照功能可分为运输节点与接收节点两种。运输节点直接与网络终端建立无线连接，负责组网中命令和信息的传递；接收节点是组网系统中的底层节点，不具有消息转发功能，负责组网中命令的执行。

网络终端是联系组网系统与外部互联网的通道。网络终端收集组网节点上报的信息，通过 Socket 等网络协议将信息上传至服务器端进行处理；亦可分发服务器下达的组网指令，实现对整个系统的控制。

服务器系统主要通过 Socket 实时接收组网系统上传的组网数据，根据收到的数据进行相应处理。此外，服务器端还是用户控制组网系统的窗口，通过服务器，用户能够获取组网系统中任一节点的状态，并进行手动控制，实现系统与用户间的交互。

4. 软件整体结构

服务器部分利用 pycharm 集成开发环境，利用 python 的 Web 开发框架 Django 进行编写。该框架具有专业化、易管理等优点，可以大大提高程序的可读性。整个程序设计按模块化编写，核心代码提供必要的注释，方便程序的升级和维护。服务器和终端的连接，直接采用 Socket 服务器对终端进行监听。像这样采用相对比较底层的网络通信协议，方便终端对服务器的请求进行解析。

组网系统部分利用 Keil uVision 4 集成开发环境，利用台湾松翰科技公司提供的外设库函数进行编写，相比直接操作寄存器更加精简、方便，同时能大大提高程序的可读性。整个程序设计按模块化编写，核心代码提供必要的注释，方便程序的升级与维护。

组网系统上电后，所有次级节点等待网络终端发出组网命令。一旦组网命令发出，所有节点必须上报自身连接状态，并可选择地附加自身需要上报的信息。运输节点首先收到组网命令，在略微延时后，会将相同的组网命令转发给其能连接到的接收节点，在完成对所有接收节点状态的检测后，运输节点会向网络终端上报局部组网完成信号，同时上报自身状态。网络终端在接收到一个运输节点的局部组网完成信号后，会启动对下一片区域的组网进程，直到所有区域都完成组网。

当所有区域的组网进程都结束时，网络终端会向服务器发起一个 Socket 请求，报告当前组网系统的连接状态。服务器端收到上报的连接状态后，更新用户界面数据，将组网状态以图形化的方式呈现给用户。

对于单个组网节点，系统上电后进入复位中断，对芯片内部寄存器以及储存区进行初始化。进入主函数后，首先对系统时钟进行初始化，选择内部 32MHz 晶振。使能串口及 SPI 通信接口，通过 SPI 时序配置无线芯片 BQ3905 的寄存器，完成系统初始化。

5. 系统框图

（1）组网拓扑结构图如图 4-10 所示。

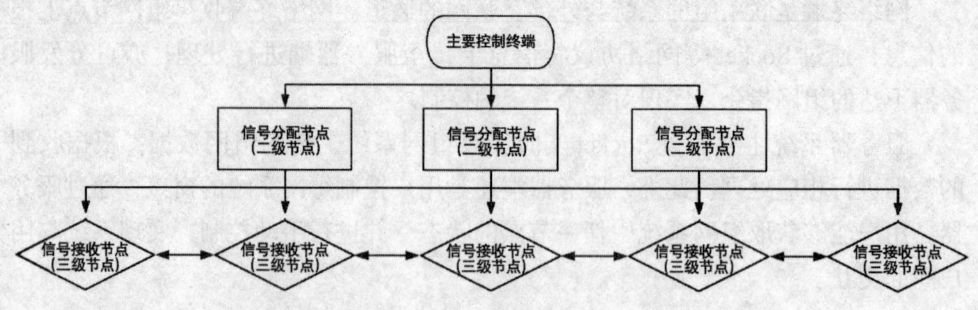

图4-10 组网拓扑结构

（2）组网流程框图如图 4-11 所示。

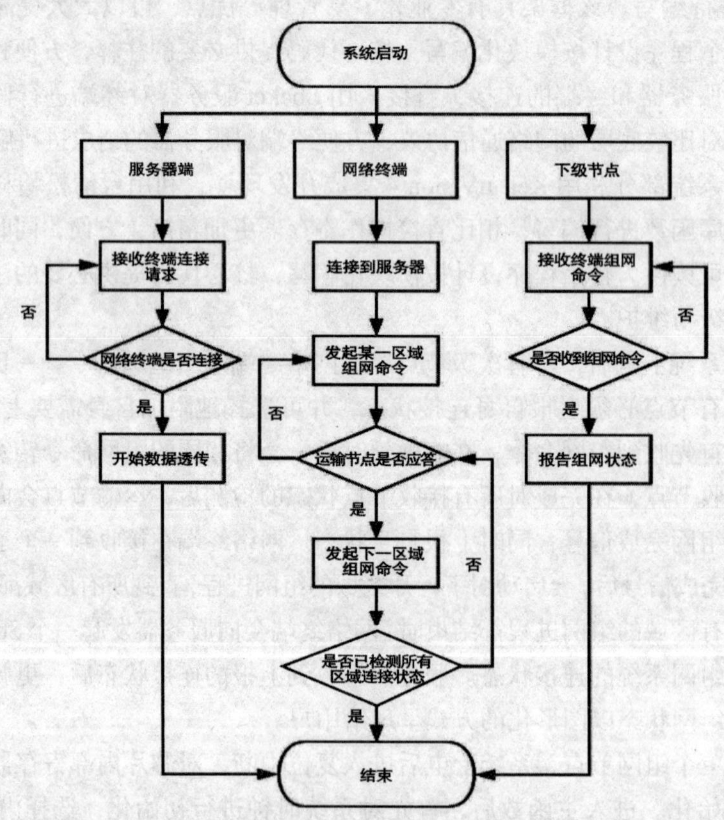

图4-11 组网流程框

（五）模块设计

1. 无线射频收发模块

无线射频收发模块主要由 Sub-G 无线通信模块与 Wi-Fi 模块两部分组成。

Sub-G 无线通信模块的核心是工作在 868MHz 频段下的无线芯片 BQ3905。通过 SPI 时序能够完成对 BQ3905 的初始化与数据收发配置；Wi-Fi 模块内部已集成 TCP/IP 协议，MCU 通过串口发送指令即可与服务器完成 Socket 连接，在透传模式下 MCU 可方便高效地与服务器进行通信。

Sub-G 无线通信模块搭载了 FSK 信号调制系统，将需要收发的数据通过 SPI 时序写入无线芯片 BQ3905 之后，触发芯片的发送功能，就能实现数字信号的无线发送。在发射端对信号进行编码，在接收端对信号进行同样方式的解码，还可实现信道中的数据加密。

Wi-Fi 模块采用 ESP8266，MCU 通过串口与该模块进行通信。采用串口通信，需打开 GPIOB 时钟，将 PB10、PB11 设置为推挽复用输出，并复用上述引脚为 USART3 串口 3 的 RX、TX 引脚；通过库函数对内部串口进行配置，包括串口波特率、数据格式、串口收发模式等。在设置完了以上信息后，开启串口中断；再设置好串口中断优先级后即完成串口初始化。MCU 与 ESP8266 之间通过 AT 指令协议通信，串口发送“AT+CWMODE=1”设置 Wi-Fi 模块工作在 STA 节点模式，AT+CWJAP=“Wi-Fi 名称”，“Wi-Fi 密码”设置模块连接对象路由器的名称和密码，AT+CIPSTART=“TCP”，“×××.×××.×.×××”，××× 设置模块与服务器端的连接方式和要连接的 IP 与端口号，“AT+CIPMODE=1”设置模块开启透传模式，“AT+CIPSEND”设置模块开始透传。完成上述配置后 MCU 即可通过串口与服务器进行通信。

2. 服务器数据接收和处理模块

数据采集和处理模块采用 Socket 实现服务器与终端的通信。将 Socket 设置为非阻塞模式，采用每隔 5s 进行一次扫描的方式检测终端如服务器连接是否正常。若连接正常，则服务器等待数据发送；否则等待下一次扫描，如果扫描次数达到设定的阈值仍然没有接收到回应，则服务器主动断开与后端的连接。如果服务器接收到数据，则对数据进行处理。

数据处理的方式如下：首先判断接收到的数据是否为正确的组网数据。如果是则进行下一步处理，否则舍弃该条数据。然后，根据组网信息向网络终端发送不同的指令，由终端执行相应的控制命令。

（六）接口设计

1. 射频信号接收与发送接口

（1）无线芯片 BQ3905 初始化函数。

【函数】void BQ3905_Init(void)

【功能】通过 SPI 时序初始化 BQ3905 配置

【返回值】无

【参数】无

（2）BQ3905 发送数据函数。

【函数】int BQ3905_TxPacket(u8 times)

【功能】初始化串口配置

【返回值】发送状态

【参数】重发次数

（3）ESP8266 发送命令函数。

【函数】u8 esp8266_send_cmd(u8 *cmd,u8 *ack,u16 waittime)

【功能】发送 AT 指令到 ESP8266

【返回值】0：发送成功（得到期待的应答结果）

1：发送失败（未得到期待的应答结果）

【参数】cmd：发送的命令字符串

ack：期待的应答结果

waittime：等待时间

2. 服务器数据接收和处理接口

（1）Socket 监听终端端口函数。

【函数】socketListen()

【功能】对连接到服务器的终端端口进行监听和管理，服务器与终端进行数据交互

【返回值】无

【参数】无

（2）接收数据处理函数。

【函数】socketDataDeal(accept_data, conn)

【功能】对从终端接收到的数据进行处理

【返回值】0：接收到正确的数据并且进行正确的处理

1：接收到错误的数据

【参数】accept_data：服务器接收到的数据

conn：服务器与终端的连接

第五章　大学生科技创新孵化器青春四载

第一节　杭州电子科技大学2016届毕业生孵化器学习记录

青春四载

毕业季，我们都将离开这所学校，去寻找自己新的方向，有的踏入社会，有的去追求更高的知识殿堂。

然而，即使现在，我们仍然不会忘记当初我们选择孵化器的初衷和在这里的日子。遇到一群志同道合的朋友，一起学习，一起互怼，一起交流，一起通宵达旦，那是我们最快乐的时光。即使岁月流逝，我们依然还记得泡在实验室里面的日子。那个时候最纯真，最快乐。

晓

刚到校园，与你相遇，我想这是我这一生最美好的事情。

是你教会了我那么多在大学里学不到的知识，

是你让我在这四年里结识了那么多志同道合的小伙伴，

是你在我最困难的时候无条件地帮助我，

是你让我清楚地知道原来在大学里也有无数需要努力和奋斗的时候。

是你，孵化了我。

序

一步步走到现在，你的优秀一直感染着我，也是你的优秀造就了现在的我们。在临别之际，我们只能把我们最真挚的祝福送给你。祝愿孵化器变得越来越好。

初遇

走过大门，像穿过一条起始状态线，过去的时间终结于此，曾经纷繁的状态

缩聚成了一个简单的函数；未来在不远处若隐若现，迈下的每一步都像一个简单又复杂的冲激信号，翻转叠加，卷积成它应有的样子。每一处都很新鲜，新鲜得像加了三块冰的柠檬水。就算某个转角突然出现一群白绵羊，也不必感到惊奇。月牙湖畔，会有白鹅引吭高歌吗？伴随着波光吐纳，守护着湖心的一角。有猫，穿过锦绣的花坛，穿过池边的小径，穿过斑驳的光晕，穿过二教的红墙白瓦，穿过254，穿过……

不知道为什么一只猫会走进一间充满各种元器件和项目计划书的实验室。想来猫不会喜欢并不悦耳的输代码时敲击键盘的声音，也不会喜欢焊枪发出的松香独有的气味。猫不喜欢，但是我早已喜欢上了这里的一切。这里已经承载了太多太多，我可以感受到一种交汇，一种我和它融为一体的强烈信号，无可救药，又如饥似渴——仅仅是因为这里是孵化器。

孵化器，一个响亮而又青春的名字。时光回到那个大一的午后，当好友拿着一张简单的招新宣传单递给我时，宣传单上简单的几个大字——“大学生科技创新孵化器”立即吸引了我的目光。不同于其他宣传单上的各式社团，孵化器给我的印象是独特的，没有花哨的图文，简简单单的几句话便勾勒出实验室的大体情况。我在好奇，孵化器究竟是一个怎样的地方。

一切的想象在参观实验室后都得到了解答。犹记得参观的那日，王哥一本正经坐在桌前，认真地写着代码，我们围在王哥旁瞅着屏幕上一行行飘过的字符，仿佛发现了新世界。而一位看起来一脸严肃的大二学长，给我们介绍着实验室的荣誉与成就，也不厌其烦地回答着我的问题。处在实验室的感受是温暖包容的，不同于其他房间的聒噪与吵闹，更多的是安静与忙碌。而从学长学姐的介绍中我更能感受到的是一种温暖与包容，一份肯定与鼓励。我拿起报名表，做出了自己的决定。

进入孵化器的考核是残酷的，想来我是以怎样忐忑的心情通过了一轮面试，又是怎样攻克千难万险，走过了二三四轮考核。道阻且跻，而成功者自有千方百计，失败者却有千难万难。面对复杂的C语言和单片机，我不算一个成功者，我没有千方百计去攻克每一个我达不到的高峰；但我也不甘心做一个失败者，在每一条通往高峰的路上都有我的脚印——不只有我的脚印，也有前人已经铺好的路。而我想做的，是循着学长们的步伐，走得更远一点。而在每一次我想放弃的关头，学长们都会给我许多的指导与鼓励，支持着我克服一个又一个困难。

在成功加入孵化器的第一天晚上，围坐在圆桌前，像每一届新成员都会经历的那样，我们聆听学长的教导，聆听着他们的故事，听着他们话语里的那份自信与满足，心中更加有了归属感。前人栽树，后人乘凉，一届届成员之间的薪火相传，就像种下一株株桃李，给他们以朝露曦，星月晖，等到成才的那一天，而灼灼其华了。这才明白，孵化器孵化的，不仅仅是想法和产品，更是在孵化每一个有志于力而不随以殆的人了……

这样想着，不知不觉，躺在实验室桌边的猫消失在了门口，手中板子上的灯仍然在孜孜不倦地闪烁着，电脑屏幕上显示着没有调试好的代码；书放在桌边，一本是信号与系统，一本是嵌入式原理。环顾四周，大家以差不多的姿势学着不同的知识。望向窗外，又是一个满目流金的盛夏艳阳天。

艳阳天，又是李子成熟的季节。花开花谢，年复一年。每一年的李子都不会相同。

但是薪火相传的精神，是不会为春夏秋冬而改变的。

新的李子，已经种下。

成长

七月流火，八月未央。

盛夏时节，二教前的彩虹，正辉映着天空。

一个暑假的相处，让大家开始熟络起来。二教小楼的那一角，开始有种家一样的感觉。从大一的互不认识，到大二的打成一片，大家慢慢建立起友谊。

相处久了，我们突然发现，我们各自都有各自的闪光点。我们开始一同上课，一同吃饭，一同回寝，一起出游，一起聊起那些说不完的话题。

我们之间有为人热情，人帅个高的步哥；有思维活跃，人很随和的王总；有执着果断，富有主见的廖神；有为技术而生，人称“代码大神”的小叶；有带头大哥，人生赢家的金大哥；有条理清晰，做事认真的尚岗；有好脾气，温柔乐观的黑博；还有可爱中带着那么一点逗逼本质的陆学妹……

太多的机缘巧合，让性格不同的我们学会了如何互帮互助，最终成为一个有力的集体。

进入大二，大家变得更加忙碌，一周五天满满的课表会让人有些喘不过气来。而课余留下的那点时间，变得弥足珍贵，就像潜伏在水里的特种队员，终于有了可以上岸换气的机会。但是我们没有选择将时间用于休闲娱乐，而更多地选择将

时间投在实验中。

忘记了有多少个待在实验室的周末，也忘记曾多少次深夜晚归，只知道二教254的灯，从白天亮到黑夜，有时还会再亮到白天。

新的一年，二教小楼的254——孵化器实验室，依旧热闹。只是大家的节奏更快了，少了一份高谈阔论，多了一份噼啪的键盘敲击与饭点相约就餐的声响。这亦是一种生活，虽然单调，但也充实。

复变函数、概率论、模拟电路、电磁场，每一门课都充满挑战。书上那些难懂的符号和公式，让人昏昏欲睡。什么一望而知，根本望不到，怎么知呀。作为一个电子人，总有一个想要崩溃的大二学年。

但回想起大一走过的那段严酷考核的日子，这些困难又怎会使我们放弃。一次看不懂就看两次，一个小时弄不懂，就弄两小时。大一的我们，也许还不知道如何去找寻学习的伙伴，但现在，我们坐在孵化器里，翻阅着手上的课本与往届学长们留下的资料，看着周边小伙伴忙碌的身影，便知道自己前行的方向。

电子设计竞赛、数学建模、挑战杯、“互联网+”……大二虽然忙碌，但也自由。

选择与大家并肩奋斗，让人满足，和队友一起参加比赛，是大学四年里珍贵的经历。电子设计竞赛从准备到实战，付出了太多心血，在比赛那三天里，轮流休息、通宵调试，是队友间合作的默契。挑战杯从准备到决赛历时一年，日复一日地雕琢产品、文本上交前通宵达旦码字校稿、答辩前意气风发做好准备。大大小小比赛获奖时的感言，是我们独有的回忆。

一年之前，看着学长们激情澎湃地演讲，耐心细致地授课，做项目时努力、执着的身影，心生崇拜。这一年里，我们学着学长们的样子去尝试不同身份，以学长学姐的身份培养新一届的学子，以孵化器大家庭一员的身份建设着他。一年过去，当我们从小萌新逐渐变成顶梁柱，蓦然回首，那些光辉的形象包含着多少个日夜的通宵。

责任，创新，执着，和家一般的感觉，这一年我收获了太多。

暮春三月，江南草长，又是个春天，254迎来了一批新成员，看到学弟学妹们的勤奋和热情，想起当年那个懵懂的我，这一年，我们在成长。

收获

有耕耘就会有收获，有泥土就会有绿荫，有狂风就会有巨浪。熬过了浸透汗水与拼搏的大二，这个秋天，迎来的又是不一样的感觉。

能力的提升不仅仅是脑海中知识的堆叠，更是专业技能的提升与思维观念的转变。无数次磨炼与实践，成就了我们对细节的渴求。无数次的失败与经验，支撑着我们对困难的坚持。这时的我们不会为某个指针的使用而苦恼，不会为某块不工作的电路板而低落，不会在深夜坐在天顶吹风，度过一个又一个炎热的夜晚。当被焊笔烫过的手指结了茧，当被敲击无数次的键盘褪了色，我们终于意识到了破茧的滋味。

厚积薄发不是没有道理。有时候优秀的人仅仅比其他人多走了一两步。幸运的是，我们愿意为一个目标而不断迈步。两年来我们的稳扎稳打，将这些不起眼的一两步积累起来，最终汇聚成一个巨大的飞跃。我们并不是一开始就优秀的人，但破茧成蝶后，前方迎来的又是可人的风景。

大三这一年，是丰收的一年。国家级大创，实用新型专利，学术期刊论文……一项项成果开始给予我们最好的奖赏。张文星等同学申报的“智能婴儿床”项目功能丰富，设计合理，成为国家级大学生创新创业项目。牛伟博、沈博等同学研发的“智能电子积木”设计新颖，寓教于乐，成功申请到国家专利。廖伟、叶应龙、张宇生、王方等同学所著的“室内空气检测净化系统设计”论文成功在《物联网技术》2016 年第 12 期上刊登；张宇生、叶应龙、廖伟同学在全国电子设计竞赛中取得了国家一等奖的好成绩……这一年是属于我们的荣耀时刻。

而当我们孵化器实验室团队的名字出现在人民大会堂的全国大学生“小平科技创新团队”的授予仪式上时，一届又一届的孵化器人的付出得到了最大的肯定。这一殊荣，来之不易，成为全国仅仅五十个的顶尖创新团队之一，我们仅仅用了不到 7 年时间。我们有理由相信这是一个奇迹。

十年磨一剑，我们从小树苗成长成了一棵大树，最终成了一片小树林。在这一步步的成长中，实验室的老师们给我们不断提供指导意见，并搭建起整个平台，带领我们一步步获得这些成就，真的非常感谢他们！实验室的小伙伴，互帮互助，发挥所长，一个个拼搏的身影最终汇集成孵化器这个大家庭，留下一生难忘的回忆！

仰望星空，脚踏实地，面对非凡的成就，我们也知道未来的路依然很长，我们不敢懈怠，更不敢停止前进，我们只会更加努力。时间飞逝，我们也将面临未来的苦难与不久的分离，但我们相信，一届又一届的孵化器人将秉承我们的自信与荣耀，延续这份光荣与奇迹！

远行

走过了校园最后一个暑假。

当拖着旅行箱再次进入校园时，秋招与考研报名的开始预示着不久将到来的毕业季。

我们开始珍惜每一分每一秒在杭电的时间，也开始慎重地选择未来的去处。这或许是一个难以抉择的时间点，我们真正该为这四年做个总结了。这四年来的光荣与成就会成为简历上最浓墨重彩的一笔。而四年来的成长与经历也将使我们展现最完美的笑颜。

来年初夏，西湖水暖。收拾了最后一箱杂物，把剩下的书本、写过的试卷处理好，我们即将离开生活了四年的杭电，作为社会的新成员，开始了新的生活。

回忆起这四年，从对电子一无所知到喜欢上调电路的感觉，孵化器影响了我们太多。如果没有实验室，缺少动手学习平台的我们，不知道学什么，只能做一个成绩好的学霸。实验室带给我们的是挑战，是一起闲聊的小伙伴，是调试电路的乐趣，是一种不一样的生活。

孵化器不仅是学习的平台，也是交友的平台，在这里遇到了可以称得上兄弟的朋友。像张文星学姐这样每天逛实验室的，玩的相当高兴；还有廖大神和龙哥俩人简直就是天生的技术宅男，干活厉害得不行；还有金晨这样的实验室狂魔……

很喜欢在实验室的感觉，跟小伙伴们聊天，调电路，学习新的东西，远比玩游戏和旅游更能带给我欢乐。养成习惯之后，下课后总不自觉地往实验室的方向走去，在实验室既轻松又愉快。

四年时光很快，我怀念在这里度过的每一天。

每次迷茫困苦的时候有学长给我建议，总是很温暖。

每次和小伙伴调试电路，调到关门前一刻一起冲进寝室总是很开心。

每次二教的猫走进孵化器，总是赚取我们的目光，希望猫主子能好好撒娇，好好听课。

每年二教楼下的李子结果时，我们会去摘，味道青涩又酸甜。

每年都在盼望着的游泳馆终于动工了，新来的学弟学妹们也许会享受到一个不一样的夏季。

终究迎来了我们的毕业典礼。

缘

天下没有不散的宴席，杭电四载，感谢一路上陪伴我们的朋友、老师与同学。青春四载不散场，期待未来与你们在更广阔的天空相遇。

岁月如梭，韶光易逝，四年像小奏鸣曲的大学生活还是奏响了最后的乐章。往事一幕幕浮上心头，嘴角挂着一丝丝浅笑。记得那时刚踏入校园稚嫩的我们迷失在二教走廊时的茫然脸，记得当初第一次被面试时的忐忑与紧张，记得当初听学长们讲课时的懵懂与激动，记得当初被告知进入实验室时的欣喜若狂，记得当初的很多很多。如今的我们可以熟记那个教室里发生在每一个角落的场景，但却到我们说再见的时候。

突然眼泪模糊了眼眶。我们终究还是逃不了别离，终究还是逃不了这一声“再见，珍重”。

一声再见，送给自己朝夕相处了四年的伙伴们，送给提供平台让自己变得成熟的孵化器。感谢在自己最需要学习的时光遇到你们。再见，曾经懵懂无知的自己。当初的小伙伴已不是来时的模样。

一声珍重，祝愿小伙伴们可以在将来实现自己曾经的梦想，祝愿实验室可以发展得越来越好。希望你们都会越来越好。祝愿，即将闯入社会的自己。记忆中的你们还是那么美好，记忆中的春天还是那么绚烂。

岁月荏苒，青春行走在时间的河岸，渐行渐远。记忆的长河畔，是一长串欢笑与悲伤的贝壳。未来的天空里，回忆和思念是一团飘逸动人的彩霞。

一起走过四年也是缘，相逢即是缘，佛说，前世的五百次回眸才换来今生的一次相遇。佛曰：万事皆有缘。因为缘，我们遇见，我们成长。我相信，未来的我们回忆现在，也会微微一笑。

当时年少春衫薄。

在杭电的四年，我们在一个名叫孵化器的地方相遇。那个地方，见证了我们的成长，见证了我们的友谊。我们能够在那个地方遇到最美的彼此，很开心也很幸运。

青春四载不散场，永远期待未来与你的相遇。

第二节　杭州电子科技大学2017届毕业生孵化器学习记录

这是我们的孵化器

青春是什么味道？是酸涩的青梅、是甘脆的苹果、是香甜的草莓……或许，是遇到孵化器的味道吧。“恰同学少年，风华正茂”，2014 年初秋，我们相遇在孵化器，用青春写下孵化器全新的篇章。

序

一路走来，明媚阳光里我们欢笑与共，狂风暴雨里我们相互扶持，并肩前行。早忘了多少个夜晚，实验室的灯彻夜未息，从繁星闪烁到第一缕晨光，一晃眼，已经四年了。

光阴荏苒，未来已来，如今的我们即将离开孵化器。回首在孵化器的四年，很幸运，遇见你们。

那是四年前夏暑还未散去的九月，初遇杭电的我同时也初遇了你。

记忆里的天空，仿佛永远是瓦蓝瓦蓝的。初试进入以后，你在我面前便展示了一个全新的世界，但同时我也不得不承认这个世界充满了残酷。从一开始的完成C语编程，到后来的单片机，每一次任务对我而言都是一个全新的挑战。我承认，那时的我还远不够优秀，但是我可以自豪地讲，在这一条布满艰辛坎坷的路上，我并没有停止我追逐繁星的步伐。

在那段时间里，我曾拾到过一张来自秋天的红叶，见识过一场飘洒深夜的冬雪，走过了一条木兰花开的小径，当然，我也结识了很多和我一样在路上奔跑的人，却又望着很多人因为各种原因渐渐离你远去。其实我也有过迷茫，也曾感受过痛苦，也不知道最后否能成为你其中的一员。可当我回首来路时，我发现自己真的走了很远很远……当四轮的结果最后确定，当我第一次坐在如今早已熟悉的圆桌旁，听着学长讲着现在的任务和未来的规划时，我知道，我真的做到了！

时常有人跟我讲青春是一本打开就合不上的书，那么时至今日，我仍会频频翻阅起四年前的那段青葱又激情的岁月，虽然现在想想往后的路没有一段不比其艰辛，但至少是从那时起，书中有个章节开始与一个叫作孵化器的你一同书写，而且布满精彩。

晓

绳锯木断、水滴石穿。还是在这熟悉的实验室，这熟悉的位置，桌子上散乱的书和板子还没有收拾，我们已经可以展翅高飞了，没什么突然的感觉，时间到了，我们变成了现在的样子，我们可以独当一面了，更加沉着自信，也获得了更多的荣誉。

大学生活的第三年，前两年的磨砺没有让我们失去棱角，反而使我们更加锋利。之前经历的失败，踩过的坑都变成了我们宝贵的经验，让我们在项目和比赛中更加如鱼得水。

充满鲜花的世界到底在哪里，如果它真的存在，那么我一定会去。

式微

第四年，在路上，念着来处想着去处，看着风景也成了风景。考研还是工作，在自己选择的道路上越走越远，面对秋招和考研报名，知道了自己的大学生活即将结束。

来年初夏，五黄六月。是时候为自己的大学生活画上句号了。

不曾刻意，恍惚间，四年已逝。想当初，八方溪水，汇聚于此。同窗携手共领诲，大好时节求真谛。喜人生，难得一相识，成知己。

结束

这是我们的孵化器。

第三节　孵化器成员专访

郑祥谱，电子信息工程 2018 届毕业生，孵化器软件组负责人。

曾获五次校一等奖学金，一次校二等奖学金，国家奖学金浙江省特别评审奖（当年全省共 10 名），国家励志奖学金，省政府奖学金，学习优胜奖，科技创新奖。

2017 年美国数学与交叉学科建模竞赛一等奖（全球前 7%），2016 年 TI 杯浙江省电子设计竞赛特等奖，2016 浙江省物理创新竞赛二等奖等。

问：学长，请问你大一的时候为什么选择进入孵化器？

答：我大一的时候有社团来宣讲，我觉得我们孵化器实验室明显档次比较高，所以我就选择了孵化器。

问：学长，我听说你报考浙江大学研究生笔试是全国第一，关于考研你有什么经验可以和我们分享？

答：虽然我是全国第一，不过考研这事，和你们想的不太一样。考研分考研和保研，比较厉害的其实都已经被保研掉了，所以我们从实验室出来的都已经是考研中比较强的那一批了。我的总分第一，只是考研的总分第一，这个第一其实没有太大的参考价值。其实你会发现，考研的人中，我这类人有项目经验和科研经验，像其他“985”学校的考生基本项目经验是零，他们唯一的科研经验就是毕业设计。所以“985”学校学生考研的话绝对不是你们的对手。我的意思是你

们这一届其实不要太着眼在考研，你们应该尽量争取保研的名额，我们学院的保研名额肯定是越来越多的，你们现在好好学习，多做一点项目，这些在保研的时候都是可以加分的，我希望你们能够尽可能地去争取保研名额。还有就是，好好考试，绩点是非常重要的，在计算保研名额时，绩点占非常大的比重。

问：学长，绩点是不是对于找工作特别重要？

答：其实这要看公司的，公司分为大公司和小公司，像华为这样的大公司，就比较看重你们的绩点。他们关注的是你的潜力，不会特别在乎你会什么，而判断你是不是有潜力就是通过你的绩点。如果你绩点高的话，面试就比较有优势。但是中小型公司，像华商或是大华的话，就比较看重你的技能，进入后能不能快速上手，他们就不会太看重你的绩点。我觉得，你们现在要做的就是把你们能做的都做好，一个是项目，一个是绩点。

问：学长，你对自己的未来有什么规划？

答：在我个人看来，学历是必需的。我觉得我可能会读完硕士然后读博，再出来工作吧。其实你们现在才大一，就先抓好眼前的事情，一个是科研，一个是绩点，就可以了。当然，你们目前还是要先好好学习，好好做项目。逆风更适合飞翔，相信自己，相信孵化器！

问：学长，你对孵化器的未来有什么建议？

答：关于孵化器，我自己有些想法。我们实验室一个很大的问题就是不能重复。比如这一届做的项目特别好，可是到了下一届可能就没有了，每一届的经历都不太好重复。像我们那届就不太稳定，这主要是项目的问题。当时我们这届就没什么项目，所以我们都去参加比赛。所以，孵化器未来对于传承，是一个需要考虑的问题。

问：学长，即将离开孵化器，你对孵化器的学弟学妹们有什么寄语呢？

答：就好好学习吧，你们要相信自己是优秀的。我们孵化器实验室是很强的，你们只要跟着实验室干，肯定能做出成绩！

参考文献

[1]王泰鹏，吉雅太，董倩倩，等.大学生课外科技创新活动指南[M].北京：北京理工大学版社，2012.

[2]罗伟明，张文恺，王斌艳.大学生科技创新教育导论[M].上海：上海交通大学出版社,2014.

[3]侯建平，陈少平，陈锟，等.大学生学科竞赛模式的改革与实践[J].实验技术与管理，2017，34（11）：19–22.

[4]李志，陈培峰，陈仙歌，等.大学生综合素质与实践能力研究[M].重庆：重庆大学出版社，2008.

[5]郝彦爽，鲁亿方，韩守梅. 非电类专业的电子技术实验教学改革[J].实验技术与管理，2018，35（1）：238–240.

[6]姜有，马秀叶，王振刚，等.大学生科技创新实践[M].北京：中国矿业大学出版社，2010.

[7]贾棋，王祎，许真珍，等. 以大学生科技竞赛为牵引的创新实验班建设[J].实验室技术与管理，2015，32（4）：29–32.

[8]戴鑫，周智皎，毛家兵，等.大学生科技竞赛理论研究与实践应用[M].湖北：华中科技大学出版社，2017.

[9]陈金鹰.FPGA技术及应用[M].北京：机械工业出版社，2015.

[10]王晓勇，俞松坤. 以学科竞赛引领创新人才培养[J].中国大学教学，2007（12）：59–60.

[11]牛小燕，李芸.数字系统课程设计指导教程[M].北京：电子工业出版社，2016.

[12]胡国珍，马学军，徐滤非. 面向应用型实践人才培养的电力电子技术实践创新平台研制[J] .实验技术与管理，2017，34（1）：33–37.